Reto U. Schneider

Die Kunst des klugen Streitgesprächs

RETO U. SCHNEIDER

DIE KUNST DES KLUGEN STREITGESPRÄCHS

Wer diskutieren will, sollte diese Regeln kennen

Penguin Random House Verlagsgruppe FSC® N001967

Copyright © 2023 Kösel-Verlag, München,
in der Penguin Random House Verlagsgruppe GmbH,
Neumarkter Str. 28, 81673 München
Umschlaggestaltung: zero-media.net, München
Umschlagmotiv: Stephan Schmitz Illustration
Redaktion: Dr. Daniela Gasteiger
Satz: Uhl + Massopust, Aalen
Druck und Bindung: Friedrich Pustet GmbH & Co. KG, Regensburg
Printed in Germany
ISBN 978-3-466-34801-5

www.koesel.de

Inhalt

Einleitung   7

1. Wenn Sie Hufe hören, denken Sie Pferd,
    nicht Zebra! Ockham's Razor   13

2. Das Einhorn am Wegesrand.
    Der Sagan-Standard   26

3. Was der Tochter einer Cousine des
    Großvaters so alles zustößt. Einzelfälle   33

4. Wenn die Leute den Schirm aufspannen,
    beginnt es zu regnen. Korrelation und
    Kausalität   42

5. Wie funktioniert die Toilettenspülung?
    Der Irrglaube vom Wissen   58

6. »Mein Wissenschaftler ist besser als dein
    Wissenschaftler!« Der wissenschaftliche
    Konsens   72

7. Der Porzellankrug, der um die Sonne kreist.
    Eine Meinung muss sich ändern können   83

8. **Was nicht sein darf, kann eben doch sein.**
Der naturalistische Fehlschluss   95

9. **Besser zehn Schuldige in Freiheit als einen
Unschuldigen hinter Gittern.**
Was wäre, wenn ich nicht recht hätte?   103

10. **Alles Vollidioten außer Ihnen.** Warum wir alle
glauben, die Welt objektiv zu sehen   112

Epilog. Wie sich eine Meinung doch ändert –
vielleicht sogar die Ihre   132

Danksagung   144

Quellen   145

Einleitung

»Ich streite nicht, ich erkläre nur,
warum ich recht habe.«
(T-Shirt-Aufdruck)

Der Keim für dieses Buch wurde in einer Redaktionskonferenz von *NZZ Folio* im Frühling 2018 gelegt. *NZZ Folio* ist das Magazin der *Neuen Zürcher Zeitung* und behandelt in jeder Ausgabe ein anderes Schwerpunktthema. Damals sollte sich das folgende Heft um Meinungen drehen. Wir hatten schon einige Ideen zusammen, und meine Kollegen hegten die verständliche Hoffnung, dass sich die Sache nicht mehr lange hinziehen würde, als ich diesen seltsamen Gedanken hatte: Warum sind wir eigentlich nicht alle einer Meinung? Alle rollten mit den Augen.

Ich sollte hier erwähnen, dass ich einen Hang zum Grundsätzlichen habe, der Sitzungen mit mir anstrengend machen kann. Wie bei einem Kind im Fragealter purzelt mir dann ein Warum nach dem anderen aus dem Mund. Und während ich von meinem Gedankenstrom endlos fasziniert bin, denken meine Mitmenschen oft nur noch an Flucht. Auch dieses Mal fand ich meine Idee unwiderstehlich: Wie die meisten Leute war ich der Überzeugung, dass meine Meinungen auf einer einigermaßen nüchternen Analyse von Fakten beruhen. Bis vor nicht allzu langer Zeit war der Zugang zu Wissen einer Elite vorbehalten, die sich Bücher leisten konnte, Zugang zu einer Bibliothek hatte und die Zeit, sich dort in ein Thema zu versenken. Heute haben per Mausklick alle die gleichen Fakten zur Verfügung. Wie kann es sein, dass wir uns trotzdem uneinig sind? Kann man Fakten tatsächlich auf derart verschiedene Weisen nüchtern analysieren? Und selbst wenn man in Betracht zieht, dass Kultur, Erziehung und Weltsicht eine Meinung mitformen: Ist es nicht erstaunlich, dass Menschen, die im gleichen Land aufwachsen, im gleichen Dorf, in der gleichen Familie, unterschiedliche Meinungen haben? Wie können Menschen, die die gleichen Schulen besuchten, in den gleichen Vorlesungen saßen, die gleichen Hobbys haben, in entgegengesetzten politischen Lagern landen? Eigentlich müssten sich unsere Ansichten in einer globalisierten und vernetzten Welt doch annähern. Warum tun sie es nicht?

Ich war hingerissen von meinen Überlegungen, aber auch ratlos, weil ich mir keinen Reim auf sie machen konnte. Erst zwei Jahre später wurde daraus ein langer Artikel für NZZ Folio mit dem Titel »Warum Sie nie recht haben«. Während meiner Recherche war ich darauf gestoßen, dass wir eine radikal falsche Vorstellung davon haben, wie Meinungen entstehen. Als hätte das noch einer Demonstration bedurft, wurde die Welt 2020 von der Corona-Pandemie heimgesucht. Die Pandemie markierte nicht nur die weltweite Ausbreitung eines Virus, sie wurde auch zum größten natürlichen Experiment über die Bildung von Meinungen, das je stattgefunden hat. Ebenso erstaunlich wie die schnelle Entwicklung der Impfstoffe war die Unfähigkeit vieler Menschen, gewinnbringend miteinander zu diskutieren.

Natürlich führten unsere Meinungen schon zuvor zu Reibungen. Es gab Streit in den Talk-Shows oder bei der Arbeit. Unterschiedliche Ansichten konnten Familien auseinandertreiben und Freundschaften beenden. Aber wer behauptete, keine Meinung zu haben, oder tatsächlich keine hatte, konnte hitzigen Diskussionen immer ausweichen. Damit war es nun vorbei. Die Corona-Impfung war nicht nur eine Vorsorgemaßnahme, sondern auch eine öffentliche Meinungsäußerung. Entweder man ließ sich impfen oder man tat es nicht. In gewisser Weise hat die Welt durch diesen Entscheid zwei neue Parteien bekommen, in denen Zwangsmitgliedschaft herrschte. Alle wurden aufgenommen – ob sie wollten oder nicht. Wer nicht zur einen gehörte, gehörte zur anderen. »Mir egal« gab es nicht mehr. Damit stieg auch der Druck zur Rechtfertigung. Alle verspürten den Drang, sich zu erklären und ihre Position zu verteidigen. Eine Welle von Wortgefechten überzog das Land. Beim Einkaufen, im Büro, beim Sport: Wo immer Menschen aufeinandertrafen, debattierten sie.

Diese Debatten offenbarten: Die meisten von uns haben nie gelernt zu argumentieren. Wir widersprechen uns in zwei Sätzen drei Mal und begehen Fehler, die bereits die Römer kannten. Alle stiegen mit ihrer eigenen Definition von Wissen, Glauben und Meinung ins Gespräch ein, die sie nach Bedarf fliegend änderten. Außerdem wurden Meinungsverschiedenheiten zunehmend nicht über Argumente ausgetragen, sondern über gefühlte Wahrheiten. Wut und Ressentiments hatten die Rolle von Erklärungen und Begründungen eingenommen. »Emotionen beweisen oder widerlegen keine Fakten«, wurde der amerikanische Intellektuelle Thomas Sowell kürzlich auf Twitter zitiert, »es gab eine Zeit, in der jeder vernünftige Erwachsene dies verstand.« Also verfasste ich für die Weihnachtsausgabe der *Neuen Zürcher Zeitung* 2021 eine »Anleitung für das rationale Tischgespräch«.

Weil beide Artikel auf große Resonanz stießen, entstand die Idee für dieses Buch über die erstaunliche Mechanik der Meinungsbildung. In den ersten neun Kapiteln geht es um Grundsätze, die Ihnen erlauben, Argumente unabhängig von spezifischem Fachwissen zu sezieren. Kapitel 10 und 11 eröffnen, warum Sie mit Vernunft allein nicht weit kommen werden, vielmehr fehlt es oft an der Grundhaltung: Wenn Sie von Anfang an kein anderes Ziel haben, als Ihren Gesprächspartner zu überzeugen, müssen Sie sich fragen, warum dieser nicht dasselbe Ziel mit Ihnen verfolgen sollte. Manche der Grundsätze stammen aus der Sozialpsychologie, andere aus der Statistik oder der Philosophie. Einige haben eine jahrhundertealte Geschichte, andere sind ein Destillat aus meiner Erfahrung – obwohl ich sicher bin, dass andere schon vor mir darauf gekommen sind. Sie werden über den verführerischen Charme von Einzelfällen lesen und unsere Neigung, Zusammenhänge zu sehen, wo es keine gibt, und außerdem über die Frage, was »wissenschaftlich« eigentlich bedeutet – nicht das, was Sie wahrscheinlich meinen. In Kapitel 5 werden Sie einräumen müssen, wie sehr Sie Ihr Wissen überschätzen. In Kapitel 8 erfahren Sie, mit welcher verblüffenden Frage Sie Ihre Gesprächspartner aus dem Tritt bringen, und in Kapitel 9 werde ich Sie auf frischer Tat bei einem Trugschluss ertappen.

Sie werden überall auf altbekannte Kontroversen stoßen: auf die biologischen Unterschiede zwischen Mann und Frau, auf die falschen Erklärungen für Erkältungen, auf Latein als vermeintliche Maßnahme zur Förderung des logischen Denkens. Es geht um Geheimdienste, Einhörner und natürlich um Gott. Und Sie werden entscheiden müssen, ob Sie lieber Schuldige im Gefängnis sehen oder Unschuldige in Freiheit, beides geht leider nicht.

Die Leitsätze werden Ihnen bei jeder Form von Argumentation helfen: bei Stellungnahmen und Reden, auf Twitter und Facebook und natürlich im Streitgespräch, das diesem Buch seinen Titel gab. Sie erlauben Ihnen, die Meinungen Ihrer Gesprächspartner – und Ihre eigenen – zu prüfen. Keine der Regeln ist schwer zu verstehen. Manche mögen sogar banal erscheinen. Aber der Eindruck täuscht: Sie im richtigen Moment anzuwenden, ist anspruchsvoll. Noch schwieriger ist es, eigene Fehleinschätzungen zu erkennen.

Kapitel 10 beantwortet schließlich die Frage, die mir in jener Redaktionssitzung 2018 eingefallen war: Warum sind wir nicht einer Meinung? Denn so viel sei verraten: Selbst wenn sich die ganze Menschheit an die neun Regeln in diesem Buch hielte, wäre sie sich nicht einig. Dafür sorgen einige verborgene und unerwartete Mechanismen der Meinungsbildung.

Ein Epilog schließt das Buch ab mit der Frage, wie und warum sich Meinungen trotz allem ändern. Es geht dabei auch um dieses Paradoxon: Je stärker Sie jemandes Meinung ändern wollen, desto weniger wird es Ihnen gelingen. Das Buch ist so gesehen ein Plädoyer für mehr Meinungsschwäche. Wenige Dinge im Leben sind entspannender, als nicht zu allem eine Meinung zu haben. Mit dieser Haltung werden Sie zu jenem offenen Gesprächspartner, der Sie sein möchten.

Nun wünsche ich Ihnen viel Spaß dabei, Argumente zu zerlegen, Denkfehler zu finden und dabei zu den wahren Gründen unserer Meinungsverschiedenheiten vorzustoßen. Und wer weiß, vielleicht finden Sie dabei sogar heraus, dass Sie gar nicht Ihrer Meinung sind.

1. Wenn Sie Hufe hören, denken Sie Pferd, nicht Zebra!
Ockham's Razor

Im November 2004 kam in den USA die dritte Folge der Fernsehserie *House* zur Ausstrahlung. Die Geschichten um den exzentrischen Arzt Gregory House, der auf die Diagnose seltener Krankheiten spezialisiert ist, hatten bereits kurz nach Start eine ergebene Anhängerschaft gewonnen. Doch der Titel dieser Folge stellte die Zuschauer vor ein Rätsel: »Occam's Razor«? Was hatte es bloß mit diesem seltsamen Begriff auf sich?

Die Handlung dreht sich um einen jungen Mann, der nach wildem Sex mit seiner Freundin in Ohnmacht fällt und mit starken Bauchschmerzen, Übelkeit, Fieber, einem Ausschlag und niedrigem Blutdruck ins Krankenhaus eingeliefert wird. Weil kein einzelnes Leiden zu allen Symptomen passen will, vermutet House, dass den Mann zwei Krankheiten gleichzeitig befallen haben. Doch sein Kollege aus der Neurologie, Eric Foreman, hält das für unwahrscheinlich. Er sagt zu House: »Occam's Razor: Die einfachste Erklärung ist immer die beste.«

Es gibt viele Gründe, ein Buch über das kluge Streitgespräch mit dieser Regel zu beginnen. Sie beschreibt nicht nur eine der grundsätzlichsten Methoden zur Beurteilung eines Arguments, sondern ist auch eine der ältesten. Sie können Ockham's Razor anwenden, wenn in einer Diskussion mehrere gleich zutreffende Erklärungen zur Wahl stehen, die unterschiedlich kompliziert sind. Sheldon Cooper, der pedantische Physiker aus der Fernsehserie *The Big Bang Theory*, formulierte es auf seine unnachahmliche Art. Als sein Mitbewohner Leonard Hofstadter ihn fragte, warum ein Brief im Müll liege, sagte er: »Es besteht immer die Möglichkeit, dass sich spontan eine Mülltonne um den Brief gebildet hat, aber Ockham's Razor würde darauf hindeuten, dass ihn jemand weggeworfen hat.« Auf den ersten Blick scheint es einleuchtend, einfache Erklärungen zu bevorzugen, doch wer länger darüber nachdenkt, stößt auf eine überraschend knifflige Frage: Was heißt eigentlich einfach?

Darüber wundert sich auch Dr. House, als er Foreman erwidert: »Und du denkst also, eine [Krankheit] ist einfacher als zwei?« – »Da bin ich mir ziemlich sicher, ja.«

House überlegt einen Moment und sagt dann: »Ein Baby wird geboren. Unser Kollege Chase sagt dir, dass *zwei* Menschen Flüssigkeiten ausgetauscht haben, um dieses Wesen zu erschaffen. Ich sage dir, dass *ein* Storch den kleinen Kerl in einer Windel abgesetzt hat. Entscheidest du dich für zwei oder für einen?« Die absurde Bevorzugung der Erklärung mit dem Storch hat einen Haken, der immer wieder in Gesprächen auftaucht. Wir werden nach einem kleinen Ausflug ins Mittelalter darauf zurückkommen.

*

Im Jahr 1323 schrieb der Mönch William von Ockham in seinem Lehrbuch *Summa Logicae*: »Es ist unsinnig, mit mehr Mitteln zu erreichen, was man mit weniger Mitteln erreichen kann.« Siebenhundert Jahre später gibt es T-Shirts mit seinem Namen, eine Programmiersprache namens Occam und die Ockham's Razor Theatre Company. Der Grund dafür ist Ockhams Mahnung, die Dinge nicht komplizierter als nötig zu machen – oder wie es auf dem T-Shirt heißt: »Ockham's Razor – Komm zur Sache«.

Ockham war ein furchtloser Franziskaner aus England. Eine seiner unverblümten Meinungen brachte ihn in ernsthafte Schwierigkeiten – und verschaffte ihm viel später einen Auftritt in einem berühmten Buch und einem noch berühmteren Film. Ockham folgte dem Grundsatz des Ordensgründers Franz von Assisi, dass Jesus besitzlos gelebt habe und die Ordensbrüder es ihm gleichtun sollen. Der Papst hingegen sah kein Wachstumspotenzial in einem Orden ohne Eigentum und rief Ockham nach Avignon, wo ihm der Prozess gemacht und er verurteilt wurde. Doch Ockham gelang die Flucht. Kurze Zeit später wurde er aus der Kirche ausgeschlossen. Vor dem Hintergrund dieses Armutsstreits spielt der Film *Der Name der Rose* aus dem Jahr 1986. James-Bond-Darsteller Sean Connery verkörpert darin den detektivisch veranlagten Franziskanermönch William von Baskerville. Dem Autor der Buchvorlage, Umberto Eco, diente William von Ockham als Vorbild für den scharfsinnigen Mönch.

Doch das ist nicht der Grund dafür, dass William von Ockhams Name in alle Ewigkeit als Ockham's Razor weiterleben wird. Selbst Experten haben Mühe, seine Prominenz zu erklären. Zwar erscheint die Aufforderung, einfache Lösungen zu favorisieren, mehrfach in Ockhams Werk, in seiner bekanntesten Form so: »Pluralität sollte nicht ohne Not angenommen werden.« Aber dieses Prinzip der Sparsamkeit, wie es auch heißt, haben andere schon vor ihm angewendet und nach ihm formuliert. Aristoteles schrieb: »Das stärker Begrenzte ist zu bevorzugen, wenn es hinreichend ist.« Und dreihundert Jahre nach Ockham meinte Newton: »Die Natur tut nichts umsonst, und mehr ist unnötig, wenn weniger ausreicht.«

Es scheint fast so, als ob sich jeder, der ein bisschen über die Welt nachdachte, dazu äußerte. Dass trotzdem Ockham das Rennen machte, hat wohl mit dem zweiten Wort der Regel zu tun: Razor. Das Sprachbild von Ockhams Rasierklinge, die alle überflüssigen Annahmen wegschneidet, bis die einfachste Erklärung übrig bleibt, tauchte erst im 19. Jahrhundert als feste Bezeichnung auf. Doch wer auch immer die Idee dafür hatte, schuf ein »leicht vorstellbares Bild«, wie der polnisch-amerikanische Chemienobelpreisträger Roald Hoffmann 1996 in einem Fachartikel schrieb: eine Metapher, die bis in die Seele reiche.

Heute gibt es eine ganze Reihe von Razors. Hitchens Razor: Was ohne Beweise behauptet wird, kann ohne Beweise verworfen werden. Hanlons Razor: Schreibe niemals der Bösartigkeit zu, was ausreichend durch Dummheit erklärt werden kann. Holmes Razor (nach Sherlock Holmes): Wenn man das Unmögliche ausgeschlossen hat, muss das, was übrig bleibt, die Wahrheit sein, so unwahrscheinlich sie auch erscheinen mag.

Einige dieser Faustregeln werden Sie in diesem Buch noch

antreffen. Gemeinsam ist ihnen, dass sie nicht Gesetze sind, keine letzten Wahrheiten beinhalten. Vielmehr sind sie Werkzeuge auf dem Weg zur Erkenntnis. Ockham's Razor ist eine Anleitung, keine Weltsicht.

*

Es gibt verschiedene Möglichkeiten, Ockham's Razor zu interpretieren. Eine wird gelegentlich der »starke Ockham« genannt und besagt, dass sich die einfache Antwort oft als die richtige erweise, weil das Universum letztlich einfach sei. Der Natur wohne sozusagen die Tendenz inne, die Dinge unkompliziert zu erledigen. Tatsächlich stellen sich gewisse mathematische Konzepte etwa in der Physik als erstaunlich elegant heraus, aber es gibt keine simple Gleichung zwischen Einfachheit und Wahrheit. Es wäre naiv, in einem Streitgespräch darauf zu beharren, ein Argument sei richtig, bloß weil es einfach ist. In der Wissenschaft zeigt sich immer wieder: Was man für einfach hält, entpuppt sich als kompliziert. »Wenn man etwas über den menschlichen Geist verallgemeinern kann«, schreibt Roald Hoffmann, »dann ist es, dass er sich nach einfachen Antworten sehnt. Das gilt für die Politik ebenso wie für die Wissenschaft.« Auch der amerikanische Journalist Henry Louis Mencken warnte: »Es gibt für jedes menschliche Problem eine bekannte Lösung – einfach, plausibel und falsch.«

Die unzutreffende Vorstellung einer stets einfachen Welt ist eine Möglichkeit, Ockham's Razor falsch zu verstehen. Eine andere besteht darin, komplizierte Vorgänge mit einem billigen Trick in scheinbar einfache zu verwandeln. Bei einer Diskussion über die Herkunft des Menschen beispielsweise scheint Ockham's Razor im ersten Moment stumpf zu sein: Es gibt keine einfachere Erklärung als »Gott hat den Menschen geschaffen«. Ist es deshalb tatsächlich wahrscheinlicher, dass sie wahr ist? Natürlich nicht. Die Erklärung mit Gott ist nur an der Oberfläche einfach. Sie verschiebt das Rätsel einfach auf eine Allmacht, die wiederum nach einer Erklärung verlangt: Was ist Gott? Wie setzt er die Naturgesetze außer Kraft? Und wo hatte er all das Bastelmaterial her, aus dem er das Universum zimmerte? Dasselbe gilt für den Storch, der im Beispiel von Dr. House das Baby bringt: Wo hat der Storch die Babys her? Woher weiß er, bei wem er sie abliefern muss? Und warum bekommen Frauen vor der Lieferung einen dicken Bauch?

Die Strategie, rätselhafte Vorgänge undurchsichtigen Akteuren zuzuschieben, ist Ihnen bestimmt schon in Diskussionen aufgefallen. Es ist eine gängige Methode, um einfache Erklärungen vorzutäuschen. An den Storch glaubt zwar niemand mehr, doch die Idee, dass geheime Eliten oder verschwiegene Gemeinschaften die Welt lenken, erfuhr in letzter Zeit wieder mehr Zuspruch.

Ein Beispiel, das wie geschaffen ist für Ockham's Razor, ist der Anschlag auf das World Trade Center in New York vom 11. September 2001. Wie viele andere Menschen auf der Welt verfolgte ich damals live an einem Fernseher im Büro, wie um 9 Uhr 03 Ortszeit eine Boeing 767-200 in den Südturm des World Trade Centers flog. Der Nordturm stand da schon in Flammen, weil dort 17 Minuten zuvor eine Maschine gleichen Typs eingeschlagen war. Kurze Zeit später stürzten beide Wolkenkratzer in sich zusammen.

Hätte Ockham das Video des Anschlags gesehen, er hätte

keine Zweifel über den Hergang gehabt: Flugzeug fliegt in Wolkenkratzer, Wolkenkratzer gerät in Brand, Brand führt zu Einsturz, Fall erledigt. Es war die naheliegendste Erklärung mit den wenigsten Annahmen. So sahen das auch die meisten Leute und später die offizielle Untersuchungskommission. Doch es dauerte nicht lange, bis andere Erklärungen die Runde machten. Eine davon: Durch die Folgen des Flugzeugaufpralls allein wären die Türme nicht eingestürzt. Dazu sei zusätzlicher Sprengstoff nötig gewesen, der zuvor in den Wolkenkratzern deponiert worden sei. Und dahinter habe der Geheimdienst gesteckt.

Der Geheimdienst hat's getan, ist ein wenig wie: Gott hat's getan. Es klingt einfach, bis man darüber nachdenkt. Wo kam der viele Sprengstoff her? Wer hat ihn in die Wolkenkratzer getragen? Wie konnte das in einer belebten Millionenstadt unbemerkt geschehen? Ist es realistisch, dass noch keiner von den Hunderten von Menschen, die für eine solche Operation nötig gewesen wären, etwas verraten hat? Aus Versehen oder aus Reue auf dem Totenbett? Natürlich könnte der Geheimdienst trotzdem dahinterstecken. Das Tückische an Verschwörungstheorien ist ja, dass einige davon tatsächlich wahr sind. Im Gegensatz zum Storch, der noch nie beim Transport von Babys beobachtet worden war, haben CIA, KGB oder Mossad schon Kommandoaktionen durchgeführt, die jeden Agentenfilm in den Schatten stellen. Doch dass Geheimdienste schon unglaubliche Taten verübt haben, bedeutet nicht, dass alle unglaublichen Taten von Geheimdiensten begangen werden.

Im Fall der Anschläge vom 11. September 2001 ist es einfach unendlich viel wahrscheinlicher, dass sie genauso abgelaufen sind, wie es am Fernseher zu sehen war. Wer trotzdem an den Sprengstoff glaubt, gehört wahrscheinlich zur Sorte Menschen, denen die einfachere Erklärung immer suspekt ist. Bei ihnen verfängt Ockham's Razor nicht, denn sie vermuten, einfache Erklärungen würden ihnen vorgegaukelt, um sie zu willigen Befehlsempfängern zu machen, die nichts hinterfragen.

Alles dem Storch, den Geheimdiensten oder Gott zuzuschreiben, wäre auch Ockham selbst zu einfach gewesen. Als gläubiger Mönch hielt er zwar die Wege Gottes der Vernunft nicht zugänglich, alles andere aber schon. Konkret ging es Ockham darum: »Wenn zwei Annahmen eine Sache erklären, ist es unnötig, etwas Drittes anzunehmen.« Anders gesagt: Wenn es mehrere Erklärungen für ein Phänomen gibt, sollte man jene auswählen, die die wenigsten Annahmen erfordert. Beim platten Reifen wäre das ein Nagel anstelle eines Komplotts der Nachbarn, das ein Motiv, geheime Absprachen und die Verschwiegenheit aller Parteien erforderte.

Die einfache Antwort hat nämlich die Statistik auf ihrer Seite: Jede zusätzliche Annahme kann sich als Irrtum herausstellen. Weniger Annahmen bedeuten also weniger Möglichkeiten, falsch abzuzweigen. Einfachere Erklärungen sind zwar nicht immer, aber zumindest häufiger richtig als komplizierte. Zum statistischen kommt ein pragmatischer Grund. Er hat mit der Tatsache zu tun, dass wir uns für jedes Phänomen beliebig viele Erklärungen ausdenken können, aber nicht genug Zeit bleibt, jede davon zu verfolgen. Wie sollen wir auswählen? Darin liegt vielleicht der größte Wert von Ockham's Razor: Er zeigt uns, mit welchen Theorien sich die Beschäftigung lohnt. Das effizienteste Vorgehen: mit der einfachsten Erklärung beginnen und diese ersetzen oder verfeinern, bis es keinen plausiblen Einwand mehr gibt. So gesehen ist Ockham's Razor praktische Lebenshilfe.

In unseren Breiten dauert ein Leben im Durchschnitt 4.000 Wochen. Wie viel Zeit davon wollen Sie sich mit der Theorie auseinandersetzen, dass die Mondlandungen der Amerikaner vorgetäuscht waren? Oder dass Elvis noch am Leben ist? Oder dass die Kondensstreifen der Flugzeuge am Himmel Chemikalien zur gezielten Bevölkerungsreduktion enthalten? Solche entlegenen Theorien sind zum Lebensinhalt von Menschen geworden, obwohl sie sehr viele Annahmen erfordern – eine unwahrscheinlicher als die nächste. Würde Ockham heute leben, er schriebe wohl Ratgeberkolumnen und riete uns, Elvis' Tod zu akzeptieren und unsere Lebenszeit in produktivere oder zumindest vergnüglichere Beschäftigungen zu stecken.

Es ist kein Zufall, dass dieses Kapitel mit Dr. House begann, denn in der Medizin hat Ockham's Razor besonders große Bedeutung erlangt. Die Frage, ob die naheliegendste Diagnose tatsächlich die richtige ist, wird dort zu einer Frage von Leben und Tod. Die Mediziner haben dazu ihren eigenen Jargon geschaffen. Ein Zebra etwa bezeichnet eine weit hergeholte Diagnose, wenn eine einfachere die Symptome ebenso gut erklärt. Die Bezeichnung geht auf den Mediziner Theodore Woodward zurück, der seinen Studenten in den 1940er Jahren sinngemäß riet: Wenn Sie Hufgetrappel hören, denken Sie an ein Pferd, nicht an ein Zebra. Man möchte anfügen: Zumindest, solange Sie nicht in Afrika sind.

Ein anderes Prinzip heißt Suttons Gesetz. Es ist die Empfehlung, bei einer Diagnose zuerst das Offensichtliche zu erwägen (in Ockhams Worten wäre das die Diagnose mit den wenigsten Annahmen). Suttons Gesetz hat seinen Namen vom Bankräuber Willie Sutton, der auf die Frage eines Reporters, warum er Banken ausraube, gesagt haben soll: »Weil dort das Geld ist.«

Zusammen mit der Zebraregel müssten die Fernseh-Mediziner in *House* bei dem jungen Mann mit den vielen Symptomen eher eine als zwei Krankheiten diagnostizieren. Und tatsächlich ließen sich seine Symptome in der Serie auf eine Medikamentenvergiftung zurückführen, die auf eine Verwechslung in der Apotheke zurückging. Doch weil die Diagnostik keine exakte Wissenschaft ist, sind die Ratschläge an die Mediziner nicht widerspruchsfrei. Das sogenannte Diktum von Hickam, benannt nach dem Mediziner John Barber Hickam, lautet etwa: »Ein Mensch kann an so vielen Krankheiten leiden, wie es ihm verdammt noch mal gefällt.«

*

Oft ist es schwierig, das Gleichgewicht zwischen »so einfach wie möglich« und »so kompliziert wie nötig« zu finden. Zudem haben wir Menschen erstaunliche blinde Flecken, wenn es darum geht, die einfachste Lösung zu sehen. Das illustriert das Rätsel mit den Entchen: Drei Entchen schwimmen hintereinander im See. Das erste Entchen sagt: »Hinter mir schwimmen zwei Entchen.« Das zweite Entchen sagt: »Vor mir schwimmt ein Entchen, und hinter mir schwimmt ein Entchen.« Das dritte Entchen sagt: »Vor mir schwimmen zwei Entchen, und hinter mir schwimmt ein Entchen.« Wie ist das möglich? Ich kannte dieses Rätsel schon als Kind. Niemand, dem ich es je gestellt hatte, konnte es lösen, obwohl die Antwort geradezu banal ist. Sind Sie darauf gekommen? Das dritte Entchen lügt! Die einfachste Erklärung für ein rätselhaftes Phänomen besteht hin und wieder darin, dass jemand andere oder vielleicht sogar sich selbst belügt.

Mit der Lebensweisheit, dass Menschen nicht immer die Wahrheit sagen, muss man in Diskussionen allerdings vorsichtig umgehen. Wer von Anfang an annimmt, dass, wer seine Meinung nicht teilt, lügt, muss gar nicht erst zu diskutieren anfangen. Einen Kontrahenten der Lüge zu bezichtigen ist oft nur eine billige Möglichkeit, dessen Argumente nicht ernst nehmen zu müssen. Man sollte vielmehr darauf gefasst sein, dass die Lüge aus unerwarteter Richtung kommt: aus dem eigenen Lager, von einem selbst – oder von einem Entchen.

Am 23. Januar 1974 – ich war gerade elf geworden – trat der israelische Mentalist Uri Geller im Schweizer Fernsehen auf. Fünf Tage zuvor hatte seine Vorführung schon im deutschen Fernsehen für Furore gesorgt. Geller zeigte, wie er durch bloße Geisteskraft Gabeln verbog, Gedanken las und defekte Uhren wieder in Gang setzte. Das behauptete er jedenfalls. Weil seine Fähigkeiten auch auf Distanz wirken sollten, legten auch wir erwartungsfroh eine Gabel vor den Fernseher, wie uns Geller geheißen hatte. Nun warteten wir darauf, dass sie sich verbiegen möge. Während ich auf unsere Gabel starrte, streichelte Geller seine Gabel im Studio, die sich tatsächlich verbog. Bei uns zu Hause trat jedoch keine Wirkung ein. Das schmälerte meine Bewunderung für

Geller kein bisschen. Ich hatte mit Begeisterung Bücher über Parapsychologie gelesen und war ein Bekehrter.

Erst als ich als Erwachsener an meine Schwärmerei für das Übersinnliche zurückdachte, wurde mir klar, dass mysteriöse Wunderkräfte in die Kategorie Gott und Außerirdische gehörten: Sie erklären nichts. Zudem wusste man schon damals, dass auch ein geschickter Bühnenmagier Gedanken lesen und Löffel verbiegen kann. Es hätte also eine naheliegende Erklärung für Gellers Fähigkeiten gegeben. Doch schien es mir schwerzufallen, sie in Erwägung zu ziehen. Der tiefere Grund dafür liegt wohl darin, dass der Mensch ein zutiefst soziales Wesen ist. Wie beim Entchen sind wir bei Geller erst einmal vertrauensselig, solange wir keine Informationen haben, die dagegensprechen. Wir orientieren uns allenfalls daran, was andere Leute denken. Dass Geller von Experten ins Fernsehen eingeladen worden war, sprach für seine Glaubwürdigkeit. Es brauchte einen Effort, einem jungen Mann zu misstrauen, der mir nichts zuleide getan hatte.

Wie sehr soziale Konventionen unser Urteilsvermögen beeinflussen, kann man gar nicht überschätzen. In einem Dokumentarfilm des Schweizer Fernsehens über das Leben während der Pandemie wurde ein Senior beim Kartenspielen gefragt, ob er keine Angst habe, sich anzustecken. Seine Antwort lautete: »Ich kenne diese Leute alle, die haben sicher kein Corona.« Hier schaffte der Gemeinschaftssinn einen Zusammenhang, den es nicht gibt: Jemanden zu kennen, hat nichts zu tun damit, ob diese Person mit dem Virus infiziert ist! Wie das Bedürfnis nach Zugehörigkeit unsinnige Überzeugungen schafft, wird in diesem Buch immer wieder ein Thema sein.

Nach so vielen Relativierungen wundern Sie sich vielleicht, warum Ockham's Razor »eines der am meisten geschätzten intellektuellen Werkzeuge in der wissenschaftlichen Arbeit« genannt wird. Aber es ist wie bei jedem Werkzeug: Man muss seine Macken kennen, um es wirksam einsetzen zu können. Das gilt auch für die Regel im nächsten Kapitel. Dort geht es nicht um einfache Erklärungen, sondern um komplizierte.

Fazit

Angenommen, es gibt zwei Erklärungen, die für ein Phänomen gleichermaßen infrage kommen. Dann sollten Sie jene bevorzugen, die die geringere Anzahl Annahmen benötigt. Also die einfachere Erklärung. Es ist zwar nicht sicher, dass das die richtige ist, aber immerhin ist sie die wahrscheinlichere. Vor allem gibt Ihnen dieser Leitsatz eine Strategie vor, in welcher Reihenfolge Sie die vielen möglichen Erklärungen prüfen sollten: Bei der einfachsten beginnen und wenn nötig zur nächstkomplizierteren wechseln, bis keine Widersprüche mehr auftreten.

2. Das Einhorn am Wegesrand
Der Sagan-Standard

An der Westküste Nordamerikas in den gemäßigten Regenwäldern der Olympic-Halbinsel lebt ein ganz und gar außergewöhnliches Tier: der Pazifische Nordwest-Baumkrake (*Octopus paxarbolis*). Im Gegensatz zu den meisten anderen Kopffüßern sind Baumkraken amphibisch und verbringen nur ihr frühes Leben und die Zeit der Paarung in ihrer angestammten aquatischen Umgebung. Aufgrund der Feuchtigkeit der Regenwälder und spezieller Hautanpassungen sind sie in der Lage, über längere Zeiträume nicht auszutrocknen und auf Bäumen zu leben. Mit den Saugnäpfen ihrer Tentakel kann ein Baumkrake nach einem Ast greifen, um sich mit einer Fortbewegungsart namens Tentakulation fortzubewegen. Weil das solitär lebende Tier vom Aussterben bedroht ist, hat ein Aktivist bereits 1998 eine Website aufgeschaltet, die auf das Schicksal der gefährdeten Tierart aufmerksam macht. Unter zapatopi.net/treeoctopus gibt es Informationen über die Biologie und den Lebensraum des Baumkraken und Bilder der neusten Sichtungen.

Sollten Sie noch nie vom Baumkraken gehört haben, dann aus gutem Grund: Es gibt ihn gar nicht. Er ist die Erfindung eines Künstlers, der unerkannt unter dem Pseudonym Lyle Zapato agiert. Wenn er die Website nicht derart exzellent gestaltet hätte, wäre sie wohl einer von vielen Internetstreichen geblieben. Aber das beispielhafte Design und der umfangreiche Inhalt – samt Onlineshop mit Oktopus-Kaffeetassen – eröffnete dem Baumkraken eine zweite Karriere in wissenschaftlichen Studien über die kritische Beurteilung von Information.

Im Frühling 2006 unternahm der amerikanische Bildungsforscher Donald Leu ein Experiment mit 53 Kindern. Die 13-jährigen Schülerinnen und Schüler waren ausgewählt worden, weil sie zu den Besten ihrer Schule gehörten, was das Textverständnis und den Umgang mit dem Internet betraf. Diese Kinder erhielten eine E-Mail, in der eine andere Klasse sie bat, die Zuverlässigkeit der Baumkraken-Seite einzuschätzen. Doch die Klasse gab es gar nicht, die Antworten landeten alle bei Leu. Nur sechs Versuchsteilnehmer beurteilten Lyle Zapatos Erfindung als unglaubwürdig – es waren jene sechs, die die Lügengeschichte schon gekannt hatten. Alle übrigen waren sich einig, dass die Seite wertvolle Information über den gefährdeten Baumkraken enthalte, dessen Existenz sie nicht infrage stellten. Den gleichen Test absolvierten in einer späteren Studie angehende Biologiestudenten – mit demselben Resultat. Und Sie? Wann haben Sie gemerkt, dass etwas nicht stimmt? Schon beim Namen Baumkrake? Oder erst bei der Tentakulation? Oder gar nicht? Hätten Sie auf der Website weitergelesen, bis der Sasquatch als der natürliche Fressfeind des Baumkraken auftaucht? Ein Sasquatch ist ein Fabelwesen, eine Art nordamerikanischer Yeti.

Vielleicht wären die Schüler – und Sie – nicht auf den Schwindel mit dem Baumkraken hereingefallen, wenn sie den Sagan-Standard gekannt hätten. Er kommt zum Einsatz, wenn Ihr Gesprächspartner Ockham's Razor zum Trotz auf unnötig komplizierten Erklärungen besteht, wenn Geheimdienste, Freimaurer und Illuminati gemeinsame Sache machen in Szenarien, die so kompliziert sind wie ein Soufflé-Rezept. In solchen Fällen fordert der Sagan-Standard: Außerordentliche Behauptungen erfordern außerordentliche Beweise. Der Sagan-Standard ist nach dem amerikanischen Astronomen Carl Sagan benannt, einem der großen Popularisierer der Wissenschaft des 20. Jahrhunderts. Die Regel wurde in der Öffentlichkeit durch die 13-teilige Dokumentarserie *Cosmos* aus dem Jahr 1980 bekannt, die er moderierte. Die Folge 12 dreht sich um außerirdisches Leben und Ufo-Sichtungen. Sagan sagt darin: »Es kann sein, dass wir jeden zweiten Dienstag von einer außerirdischen Zivilisation besucht werden, aber es gibt keine Belege für diese verlockende Idee. Die außerordentliche Behauptung wird nicht durch außerordentliche Beweise gestützt.«

Wie bei Ockham's Razor wurde nie darüber abgestimmt, wie diese Faustregel heißen soll. Früher hieß sie Prinzip von Laplace nach dem französischen Gelehrten Pierre-Simon Laplace, der geschrieben hatte: »Die Last der Beweise muss in einem angemessenen Verhältnis zur Seltsamkeit der Tatsachen stehen.« Doch weil Sagan ein paar Millionen Fernsehzuschauer im Rücken hatte, bekam der Grundsatz seinen Namen aufgedrückt. Sie wenden ihn im Alltag intuitiv an. Wenn Ihnen jemand erzählt, auf dem

Weg zur Arbeit ein Einhorn gesehen zu haben, erwarten Sie Bilder, Zeugen und ein Büschel der Mähne. War das Tier hingegen ein Hund, lassen Sie sich ohne weitere Indizien überzeugen. Wer hier einen Fall von Einhorn-Diskriminierung wittert, übersieht, dass der Hund aus gutem Grund bevorzugt wird: Hunde belegen ihre Existenz zum Beispiel damit, dass sie in Berlin pro Jahr ungefähr 500-mal aktenkundig Menschen beißen, wie es in der »Statistik über Hundebissvorfälle« steht. Eine Statistik über Einhornvorfälle gibt es nicht.

*

Erstaunlicherweise griffen früher auch religiöse Würdenträger zum Sagan-Standard. Benjamin Bayly, Pfarrer der St. James Church in Bristol, England, war einer von vielen, die skeptisch reagierten, wenn jemand behauptete, Gott habe ihm den Tag des Weltuntergangs offenbart. Er schrieb 1707: »Da diese Angelegenheiten sehr außerordentlich sind, erfordern sie auch einen außerordentlichen Nachweis.«

Das Zitat zeugt vom Dilemma, in das zeitgenössische Wunder die Geistlichen stürzten. Einerseits konnten sie Wunder nicht durchweg ignorieren, schließlich gründet der christliche Glaube darauf, dass einer auf Wasser ging und Tote erweckte. Andererseits konnten sie nicht jeden Ziegenhirten heiligsprechen, der Maria gesehen haben wollte. Der Ausweg aus diesem Dilemma hätte Sagan nicht gefallen. Die Kirche stellte sich auf den Standpunkt, allein die Tatsache, dass etwas in der Bibel stehe, sei der nötige außerordentliche Beweis dafür. Alle anderen Wunder wurden argwöhnisch untersucht. Damit sind wir beim Problem des Sagan-

Standards: Bei wem liegt die Deutungshoheit darüber, was als außerordentliche Behauptung und was als außerordentlicher Beweis gilt?

Für die Kinder im Experiment war der Baumkrake offenbar nicht seltsam genug, um nach besonderen Beweisen für seine Existenz zu suchen. Warum auch? Schließlich hatten sie vor Kurzem erst von riesigen grauen Tieren mit Rüsseln erfahren und von Insekten, die in der Nacht leuchten. Für die Kinder war die perfekt gemachte Website, was für die Kirchenmänner die Bibel: ein Beweis. Tatsächlich bleibt das Urteil darüber, was außerordentlich heißt, subjektiv. Doch völlig willkürlich ist es nicht. Auch wenn sich Außerordentlichkeit nicht in Zahlen fassen lässt, gibt es Indizien für sie: In Ihrem Streitgespräch dürfen Sie außerordentliche Beweise fordern, wenn ein Phänomen noch nie zuvor beobachtet worden ist oder sehr selten auftritt, wenn es sich mit bekanntem Wissen nicht erklären lässt oder grundlegende Gesetzmäßigkeiten verletzt oder wenn es auf eine einzige Quelle zurückgeht.

Der Sagan-Standard kann dazu führen, dass revolutionäre Erkenntnisse erst einmal abgelehnt werden. Das ist der Preis, den wir dafür bezahlen, nicht jedem Scharlatan zu glauben. Der amerikanische Präsident Thomas Jefferson war skeptisch, als er von kleinen Himmelskörpern hörte, die hin und wieder vom Himmel fallen sollen. 1808 schrieb er in einem Brief: »Tausend Phänomene treten täglich auf, die wir nicht erklären können, aber wo Tatsachen angedeutet werden, die mit den uns bekannten Naturgesetzen nicht übereinstimmen, bedarf ihre Wahrhaftigkeit Beweise, die ihrer Besonderheit entsprechen.« Nur langsam häuften die

Forscher genügend Indizien an, die belegten, dass es die fallenden Steine tatsächlich gab. Heute wissen wir, dass jedes Jahr etwa 19.000 Meteoriten auf die Erde prasseln.

*

Die Logik des Sagan-Standards leuchtet im Grunde sofort ein. Umso erstaunlicher ist es, dass ihn ein ganzes Volk – oder zumindest die Mehrheit seiner Stimmberechtigten – missachten kann. Im Mai 2009 haben 67 Prozent der Schweizer Stimmbürgerinnen und Stimmbürger der Verfassungsänderung »Zukunft mit Komplementärmedizin« zugestimmt. Seither müssen die Krankenkassen eine Behandlungsmethode bezahlen, die an Seltsamkeit kaum zu überbieten ist. Die Homöopathie wurde Anfang des 19. Jahrhunderts vom deutschen Arzt Samuel Hahnemann begründet. Hahnemann behauptete, seine Arzneien seien umso kräftiger, je stärker sie verdünnt würden. Sie wirkten selbst dann noch, wenn, wie sich später nachrechnen ließ, kein einziges Molekül vom Ursprungsstoff mehr im Mittel sei. Das widerspricht allem, was man über die Biochemie von Medikamenten weiß. Hahnemann selber lieferte weder eine nachvollziehbare Begründung für seine Behauptung noch einen Beweis.

Die Homöopathie ist der Baumkrake der Medizin. Der gesunde Menschenverstand – und Carl Sagan – würden verlangen, besonders gründlich hinzuschauen. Doch die Abstimmung führte gerade zum Gegenteil. Die Zulassungsstelle Swissmedic beschränkt sich bei der Homöopathie darauf, die Qualität der Arzneien zu kontrollieren. Mit anderen Worten: Swissmedic ist zufrieden, wenn sich niemand vergiftet mit dem Zeugs. Von einem objektiven Nachweis der Heilkraft, wie ihn jedes andere Medikament erbringen muss, hat das Schweizervolk die Homöopathie an der Urne dispensiert.

Wie konnte das passieren? Warum verlangen wir Beweise für das Einhorn, aber nicht für ein Medikament ohne Wirkstoff? Von einem der Gründe handelt das nächste Kapitel.

Fazit

Zum Werkzeugkasten des gesunden Menschenverstandes gehört, dass die Beweislast für seltsame Feststellungen höher ist als für etablierte: Außerordentliche Behauptungen erfordern außerordentliche Beweise. Wann eine Behauptung als außerordentlich gilt, ist allerdings Ermessenssache. Einige Merkmale für Außerordentlichkeit sind: Einmaligkeit oder Seltenheit, Unvereinbarkeit mit etablierten Fakten oder Naturgesetzen oder schlechte Quellenlage.

3. Was der Tochter einer Cousine des Großvaters so alles zustößt
Einzelfälle

Wer sich während einer Diskussion in die Ecke gedrängt fühlt, schickt gerne die Tochter einer Cousine des Großvaters in die Schlacht, die die eigene Position heroisch verteidigen soll: Entweder sie wurde überraschend geheilt oder ist gerade gestorben oder ihr ist sonst etwas widerfahren, was die eigenen Argumente in besserem Licht erscheinen lässt. Das klassische Beispiel einer solchen Konversation dreht sich ums Rauchen:

»Ich habe gelesen, wer rauche, habe ein zwanzigmal so hohes Risiko, an Lungenkrebs zu erkranken.«

»Mein Onkel hat jeden Tag zwei Päckchen geraucht und ist mit 99 tot von seiner Harley gekippt.«

Der langlebige Onkel, der hier anstelle der Tochter der Cousine des Opas auftritt, hat zwei Funktionen. Einerseits steht er für die Hoffnung, dass es einem ähnlich ergehen möge, andererseits soll er Zweifel an der Aussagekraft der Statistik säen. Beides ist absurd, wenn es darum geht, die Wirkung des Rauchens auf die Gesundheit abzuschätzen.

Hoffen darf man alles, doch die Überzeugung, das Schicksal sei einem ständig wohlgesinnt, ist kein guter Ratgeber. Früher oder später wird der Zufall die Glückssträhne beenden. Und wer die Unsicherheit der Statistik hervorheben will, müsste neben der Geschichte des 99-jährigen Onkels auch jene seines 37-jährigen Neffen erzählen, der auf der anderen Seite des Mittelwertes an den Folgen des Rauchens gestorben ist. Doch weil dieser nichts zur Beschönigung der Realität beitragen kann, tritt er nie als Zeuge auf. Der Mittelwert hat ein schmutziges Geheimnis: Für jeden Glückspilz muss es einen Pechvogel geben.

*

Es ist schwierig, sich dem Charme des Einzelfalls zu entziehen. Anders als die Statistik ist er uns treu ergeben und wird immer genau das bestätigen, was wir von ihm erwarten. Er bietet sicheren Unterschlupf, wenn die Fakten nicht unserer vorgefassten Meinung entsprechen. Das zeigt sich oft bei heiklen Themen wie zum Beispiel dem Klimawandel. Am 26. Februar 2015 brachte James M. Inhofe, ein republikanischer Senator aus Oklahoma, einen Schneeball mit ans Rednerpult im Parlament und fragte den Vorsitzenden: »Wissen Sie, was das ist? Das ist ein Schneeball von hier draußen. Es ist also sehr, sehr kalt draußen, sehr untypisch für die Jahreszeit.« Inhofe wollte damit die Aussage in Zweifel ziehen, dass 2014 das wärmste Jahr war, seit es Aufzeichnungen gibt. Es ist natürlich Unsinn den Schneefall in Washington als Indiz dafür zu werten, dass die Klimaerwärmung nicht stattfindet. Aber Inhofes Schneeball bleibt mit Sicherheit besser in Erinnerung als der Beitrag seines demokratischen

Kollegen Sheldon Whitehouse danach. Er zählte während vier Minuten Institutionen und Persönlichkeiten auf, die den menschengemachten Klimawandel bestätigen.

Der geschickt gewählte Einzelfall wird zum Puffer zwischen Fakten und Wunschdenken, zwischen Tatsachen und Überzeugungen. Er kann uns helfen, die unangenehme Wahrheit zu verdrängen, indem er den Scheinwerfer weit weg vom lästigen Durchschnitt richtet. Natürlich ist es nicht falsch, mit Einzelfällen auf die Bandbreite eines Phänomens hinzuweisen. Oft ist es auch wichtig zu wissen, wie die Einzelfälle auftreten. Gibt es Häufungen oder sind sie gleichmäßig verteilt? Doch wer das meiste Glück für die meisten Menschen will, muss wissen, was die meisten Menschen glücklich macht. Unsere Einschätzung, wie schädlich Rauchen ist, sollte weder der 99-jährige Onkel bestimmen noch sein 37-jähriger krebskranker Neffe, sondern der statistische Mittelwert aus möglichst vielen Fällen. Sich am Einzelfall zu orientieren ist wie sich von einer Klippe zu stürzen, weil das vor hundert Jahren einer überlebt haben soll.

Wie abwegig es ist, den Einzelfall gegen den Durchschnitt auszuspielen, zeigt die Körpergröße. Männer sind im Durchschnitt größer als Frauen. Wer mit seiner riesigen Tante Skepsis an dieser Tatsache verbreiten wollte, würde sich lächerlich machen. Aber sobald es um kontroverse Fragen geht, wird der Einzelfall zur beliebten Waffe. Wir haben sie alle schon benutzt, denn sie hat einen unschlagbaren Vorteil: Der Einzelfall ist konkret. Er ist der Hai, der am 5. Juli 2022 in Plettenberg Bay in Südafrika einen Schwimmer tötete, er ist der Jagdterrier Pablo, der ein Jahr zuvor 380 Kilometer zurück nach Nîmes, seinem Zuhause, fand, er ist das Smartphone eines ukrainischen Soldaten, das im Krieg eine Kugel abfing. Oft ist er ein Mensch aus Fleisch und Blut, kann lachen und weinen. Dagegen kommt ein Mittelwert mit Standardabweichung und Variationskoeffizient nicht an.

Aus diesem Grund benutzen wir den Einzelfall in Diskussionen nicht nur aus eigennützigen Motiven, wenn die Statistik nicht unseren Vorstellungen entspricht. Wir bringen ihn auch ins Spiel, weil er unser Mitgefühl weckt. Das klingt positiv, wird aber zur Falle, wenn rationale Entscheidungen gefragt sind. »Ein Teil des Problems besteht darin, dass Mitgefühl nicht rechnet und den Einzelfall über die vielen stellt«, schreibt der Psychologe Paul Bloom, der sich in seinem Buch *Against Empathy* kritisch mit dem Mitgefühl auseinandersetzt. Dabei würden nicht nur die langfristigen Folgen unseres Handelns ignoriert, sondern auch das Leiden derer, mit denen wir gerade nicht mitfühlen oder mitleiden können.

In einer klassischen Untersuchung spendeten Versuchsteilnehmer mehr Geld für die Rettung eines Mädchens, von dem sie den Namen kannten und ein Foto sahen, als für acht Kinder, die anonym blieben. Aus diesem Grund werben Hilfsorganisationen mit großen Kinderaugen und nicht mit dem Anteil der Hungernden an der Weltbevölkerung in Prozent. »Der Tod eines Einzelnen ist eine Tragödie, aber der Tod von Millionen nur eine Statistik.« Dieses Stalin zugeschriebene Zitat hat der russische Diktator wohl nie gesagt, aber es birgt eine tiefe Wahrheit. So ungern wir es zugeben: Das Leid einer Person berührt uns mehr als das Leid von Tausenden.

*

Die Macht des Einzelfalls kann man gar nicht überschätzen. Wir hören mit dem Rauchen auf, wenn ein Freund an Lungenkrebs erkrankt, und haben Angst vor dem Fliegen nach einem Flugzeugabsturz. Doch die Risiken haben sich durch diese Ereignisse nicht plötzlich verändert. Unser Krebsrisiko bleibt unberührt vom Leiden des Freundes, und aus logischen Gründen gibt es keine Veranlassung, nach dem Crash nicht seine sieben Sachen zusammenzupacken und am nächsten Flughafen in eine andere Maschine zu steigen. »Der menschliche Verstand neigt dazu, mit Geschichten, Einzelfällen und Anekdoten zu hantieren, und das gilt für alle Intelligenzstufen«, sagt der Psychologe und Nobelpreisträger Daniel Kahnemann, »Fakten sind viel weniger natürlich, und man muss darauf trainiert sein, Fakten als überzeugender zu akzeptieren als persönliche Geschichten.«

Wissenschaftler verabscheuen Einzelfälle. Aus n = 1, wie es in der Fachsprache heißt, lässt sich nichts verallgemeinern – n bezeichnet in einem Experiment die Größe der Stichprobe, also zum Beispiel die Anzahl Versuchsteilnehmer. Der klassische Witz zum Thema dreht sich um einen Statistiker, der bei einem Feuerausbruch zugegen ist und sofort weitere Feuer legt. Entgeistert fragen ihn seine Kollegen: »Was tust du da?« Daraufhin antwortet der Statistiker: »Ich vergrößere die Stichprobe.«

Der Mensch ist nicht aus Logik gebaut. Und auch in Ihren Diskussionen werden Sie es schwer haben, gegen saftige Einzelfälle anzukommen, die der Statistik widersprechen. Es gibt zwei berüchtigte Phrasen, die ihre Wirkung selten verfehlen: »Ich kenne aber jemanden, der …« und »Ich kenne jedenfalls niemanden, der …«. Die erste soll statistische

Daten anzweifeln, die zweite einen unbestätigten Trend untermauern. Eine Google-Suche nach »ich kenne jedenfalls niemanden, der ...« bringt ein Füllhorn von Beispielen zurück:

»... ernsthaft eine Verlängerung der Schulpflicht auf elf Jahre für notwendig hielte.«

»... Facebook noch nutzt.«

»... Europa-kritisch ist.«

»... sich morgens gern Bitterorangen-Marmelade auf sein Brötchen schmiert.«

Wer aus diesen Aussagen Schlüsse über die Allgemeinheit zieht, überschätzt die Vielfalt seines Bekanntenkreises. Ich zum Beispiel kenne niemanden, der eine Harley fährt, Barbie-Puppen sammelt oder in China wohnt. Trotzdem gibt es diese Leute, und es sind sogar ziemlich viele.

Sich in Diskussionen dem Einzelfall zu widersetzen, ist ein Kampf gegen Windmühlen. Es ist nicht nur schwierig, sondern auch gefährlich. Wenn Sie das Schicksal der Tochter einer Cousine des Großvaters nicht gebührend würdigen und auf Statistiken pochen, stehen Sie bald als kaltherziger Technokrat oder lieblose Pedantin da. Manchmal hilft die Frage, »Und was willst du uns damit sagen?« weiter, aber verlassen sollten Sie sich nicht darauf. »Bringe niemals eine Statistik zu einem Anekdotenstreit«, hat der australische Statistiker Peter Dodds einmal gesagt.

*

Leider muss man davon ausgehen, dass der Einfluss singulärer und oft unbedeutender Ereignisse auf die Meinungsbildung in den letzten Jahren eher zugenommen hat. Der

Grund dafür sind die sozialen Medien, die ihnen ein absurd großes Gewicht verleihen können. Twitter, Facebook, Instagram und wie sie alle heißen, sind Agenturen zum Aufblähen und Verherrlichen von Einzelfällen. Früher erfuhren bloß Freunde, wenn Sie in Paderborn den Zug verpassten. Heute ist die Menschheit Ihr Publikum – und die Kommunikationsabteilung der Deutschen Bahn vernimmt ihre Klage über den unmöglichen Schaffner und die hohen Stufen beim Ausstieg in Echtzeit. Auf dem Smartphone kommt uns die Welt als Zeitraffer greller Einzelfälle entgegen: der Felsbrocken, der einen halben Meter neben dem Wanderer einschlägt, das Missgeschick mit der Geburtstagstorte, die Wunderheilung nach Nahtoderfahrung und Lichtbegegnung. Die sozialen Medien interessieren sich nicht für die Regel, sondern für die Ausnahme. Das bedeutet nicht, dass der Einzelfall wertlos ist. Seine Rolle besteht oft darin, eine Entwicklung an einem persönlichen Schicksal zu veranschaulichen und uns auf ein Phänomen aufmerksam zu machen. Ein hungerndes Kind auf eine Hungersnot, eine medizinische Zufallsentdeckung auf ein grundlegendes Prinzip. Der Einzelfall sollte aber immer der Ausgangspunkt einer Auseinandersetzung mit einem Thema sein, nie das Ergebnis.

Der prächtigste Einzelfall sind natürlich wir selber. Die eigene Person gewährt uneingeschränkte Akteneinsicht und den unverstellten Blick ins Innenleben. Das wollen wir jedenfalls glauben. Auch wir vertrauen eher unserem Eindruck, eine traditionelle chinesische Arznei habe uns geholfen, als der Wissenschaft, die keine Heilwirkung nachweisen konnte. Das ist im Grunde erstaunlich, denn mittlerweile sind wir alle mit dem Placeboeffekt vertraut. Wir wissen, dass eine heilende Wirkung auch ohne Wirkstoff allein aufgrund der Erwartung an eine Arznei eintreten kann. Wir können uns auch gut vorstellen, dass dieser Effekt bei anderen Leuten zum Tragen kommt, bloß bei uns selbst schließen wir das aus.

Natürlich ist es wichtig, unserem Erleben viel Gewicht beizumessen. Die Signale unseres Körpers zu erkennen und unsere Gefühle ernst zu nehmen, sichert unser Überleben. Doch eine rationale Diskussion verlangt hin und wieder, uns selber nüchtern von außen zu betrachten. Als möglichen Placebofall oder als kleinen Datenpunkt in einer Statistik, vielleicht weit abseits des Durchschnitts. Es verlangt den unerhörten Akt, das Ergebnis einer wissenschaftlichen Studie über die eigene Erfahrung zu stellen. Es verlangt, uns selber zu misstrauen und uns nicht als den Mittelpunkt – und den Mittelwert – der Welt zu sehen.

Dass das so schwer ist, hat mit jener hervorragenden Eigenschaft unseres Gehirns zu tun, die Kapitel vier behandelt.

Fazit

Der Mensch ist vernarrt in Geschichten. Geschichten erregen mehr Aufmerksamkeit und wecken stärkere Gefühle als Statistiken – in hundert Prozent aller Fälle. Deshalb tauchen sie ohne Ende in Diskussionen auf. Aber Geschichten beschreiben Einzelfälle: bestimmte Situationen, in denen bestimmte Menschen auf bestimmte Weise handeln. Einzelfälle mögen der Illustration eines Phänomens dienen, als Grundlage für Entscheidungen eignen sie sich nicht. Sie können im Gegenteil Schaden anrichten und zu einer ineffizienten Verteilung von Ressourcen führen. Deshalb sollten unsere Überzeugungen nie nur auf Einzelfällen und persönlichen Erfahrungen beruhen.

4. Wenn die Leute den Schirm aufspannen, beginnt es zu regnen
Korrelation und Kausalität

Wer in England kurz nach dem Zweiten Weltkrieg billig Ferien machen wollte, reiste nach Salisbury. In der Nähe des 150 Kilometer südwestlich von London gelegenen Städtchens wohnte man damals kostenlos zu zweit in großzügigen Appartements, ausgestattet mit Büchern, Spielen, Radio und Telefon, vertrieb sich die Zeit mit Tischtennis, Badminton oder Golf. Dafür bekam man erst noch drei Schillinge pro Tag bezahlt. Die Sache hatte nur einen Haken: In den Gebäuden des Harvard-Spitals auf dem windigen Hügel vor der Stadt war die Abteilung für Erkältungsforschung der britischen Regierung, die Common Cold Unit, untergebracht. Die drei Schillinge erhielten die Feriengäste, weil sie sich als Versuchskaninchen zur Verfügung stellten. »Unbefriedigende« zwar, wie der Leiter der Common Cold Unit, Christopher Howard Andrewes, 1949 in einem Artikel schrieb, doch »die einzigen Tiere, die uns zur Verfügung stehen«.

Außer auf Menschen ließ sich damals eine Erkältung nur auf Schimpansen übertragen. Und die waren, so Andrewes,

»sehr teuer, kräftig und schwierig im Umgang«. Ganz anders die Studenten: Die »zehntägigen Gratisferien« im Harvard-Spital seien beliebt. Einige der Versuchspersonen kehrten mehrmals dorthin zurück. Die zwölf Leute, die an einem Samstagmorgen nach einem Bad in heißem Wasser eine halbe Stunde in einem zugigen Durchgang ausharren mussten, dürften nicht dazugehört haben. Sie fühlten sich »frostig und elend«, schrieb Andrewes, und ihre Stimmung hat sich wahrscheinlich auch mit den nassen Socken, die sie für den Rest des Morgens tragen mussten, nicht aufgeheitert.

Glaubte man der Volksmeinung, dann war die Behandlung das Rezept für eine zünftige Erkältung. Und genau diese Volksmeinung wollte Andrewes wissenschaftlich überprüfen, denn es gab Beobachtungen, die ihr widersprachen. Arktisforscher, die sich auf lange Expeditionen begaben, erkälteten sich nie. Und in Inuitdörfern wurden die Leute nicht im Winter krank, wenn es am kältesten war, sondern im Frühling, nachdem die ersten fremden Schiffe in den Hafen eingefahren waren.

Die zwölf Versuchspersonen mit den nassen Socken waren drei Tage zuvor in Salisbury angekommen. Wie alle Experimente der Common Cold Unit begann auch dieses an einem Mittwoch. Nach der Eintrittsuntersuchung bezogen jeweils zwei Probanden eine der zwölf Wohnungen und wurden instruiert, während der nächsten zehn Tage alle Personen außer ihren Wohnpartnern auf mindestens zehn Meter Distanz zu halten. Spaziergänge waren zwar erlaubt, aber Gebäude und Fahrzeuge mussten sie meiden. Ärzte und Krankenschwestern trugen bei den Untersuchungen Schutzanzüge und Gesichtsmasken. Das Essen wurde dreimal pro Tag in Wärmebehältern vor die Wohnungstür gestellt.

Die Tage zwischen Mittwoch und Samstag verstrichen ohne nennenswerte Aktivität. Das Warten hatte den Zweck, eine eventuell eingeschleppte Erkältung vor dem eigentlichen Experiment zu erkennen. Am Samstagmorgen teilten die Ärzte die Versuchsteilnehmer in drei Gruppen zu je sechs Personen ein. Den ersten sechs träufelten sie das gefilterte und verdünnte Nasensekret eines Erkälteten in die Nase. Die zweiten sechs unterzogen sie der Kältebehandlung mit Badewanne, Durchzug und nassen Socken. Die dritten sechs schließlich erhielten beides zusammen: Kältebehandlung und Nasensekret. Man war sich damals ziemlich sicher, dass eine Erkältung von Viren verursacht wird, die sich vor allem im Nasensekret finden. Da das Hauptsymptom ein kräftiger Schnupfen war, zog man in Salisbury den täglichen Gewichtszuwachs der Taschentücher als Indiz für den Schweregrad der Erkältung heran. Um den Erreger genau bestimmen zu können, hätte man ihn züchten müssen, was sich als schwierig erwies.

Einige Tage nach der Intervention vom Samstag wurden die ersten Teilnehmer krank: vier der Versuchspersonen, die das Virus und die Kältebehandlung bekommen hatten, und zwei, die nur mit dem Virus infiziert worden waren. Frieren allein produzierte keine Erkältungen. Der Volksglaube schien bestätigt: Zwar führt Kälte selbst zu keiner Erkältung, doch begünstigt sie offenbar die Aktivität des Virus. Damit konnte sich Andrewes jedoch nicht zufriedengeben, denn die Anzahl der Versuchsteilnehmer war zu gering, um verbindliche Aussagen zu machen. »Wir waren dumm genug, das Experiment zu wiederholen«, schrieb er, »mit dem umgekehrten Resultat.« Jetzt erkrankten die Personen, die in der Kälte gestanden hatten, plötzlich seltener als die anderen. Ein drittes Experiment kam zum selben Resultat: Wieder gab es keinen Zusammenhang zwischen einer Erkältung und vorangegangenem Frieren.

Andrewes' Experimente waren die ersten einer ganzen Serie, die in den 1950er und 1960er Jahren an Hunderten von Versuchspersonen durchgeführt wurden. Kein einziges konnte nachweisen, dass Frieren irgendetwas mit einer Erkältung zu tun hat. Das ist bis heute so geblieben. Trotzdem ist kein Mythos im medizinischen Alltagswissen beständiger.

Ich habe über wenige Themen leidenschaftlichere Diskussionen geführt als über die Herkunft von Erkältungen. Und mein Sohn hat schon in der ersten Klasse versucht, seine Lehrerinnen über die Nutzlosigkeit der Jackenpflicht in der Pause aufzuklären. Ohne Erfolg. Das hat auch damit zu tun, dass die Krankheit ihre vermeintliche Ursache im Namen trägt. Der wichtigste Grund für den hartnäckigen Widerstand liegt aber in einem besonderen Merkmal unseres Verstandes. Wenn Sie im kalten Regen gestanden haben und sind am Tag danach verschnupft, was schließen Sie daraus? Dass der Regen und die Kälte die Krankheit herbeigeführt haben? Dann gehören Sie zur großen Mehrheit, die einer langlebigen Täuschung aufsitzt. Die Vermutungen, weshalb es zu einer Erkältung kommt, gehen nämlich in eine andere Richtung. Vielleicht kommen Sie drauf, wenn Sie noch mehr darüber erfahren haben, wie unser Gehirn funktioniert.

*

Der Mensch verdankt seinen Erfolg als Art zu einem wesentlichen Teil seiner Fähigkeit, Muster zu erfassen – sowohl räumliche als auch zeitliche. Unser Gehirn kann nicht nur meisterhaft Gesichter, Straßenschilder und die Karte Australiens in einem Rostfleck erkennen, es ist auch ausgesprochen begabt darin, von Ereignissen auf ihre Auslöser zu schließen. Das Konzept von Ursache und Wirkung ist mit unserer Welt verwoben wie kein anderes. Nichts geschieht einfach so; alles hat eine Ursache, und die Ursache hat wiederum eine Ursache und so weiter, bis zurück zum Urknall. Das heißt nicht, man hätte vor 13,8 Milliarden Jahren vorhersagen können, dass ich jetzt gerade diesen Satz schreibe, aber es bedeutet: Das Leben jedes Menschen ist von Geburt bis zum Tod eine einzige große Ursachenforschung. Schon Säuglinge haben diese natürliche Veranlagung. Mit sechs Monaten verstehen sie, dass sie bestimmte Effekte herbeiführen können, wenn sie gewisse Handlungen wiederholen. Ursachen mit Wirkungen zu paaren ist so wichtig, weil wir uns so die Welt erklären. Beim Billard oder im Auto, beim Lügen oder beim Kochen: Immer müssen wir verstehen, warum was geschieht.

Besonders wichtig ist die Fähigkeit, von einem Ereignis rückwärts auf seinen Auslöser zu schließen. Vom Wachstum der Pflanzen auf den Regen, der zuvor gefallen war, von den Bauchschmerzen auf die verzehrten Pilze. Denn diese Fähigkeit gewährt uns einen Blick in die Zukunft. Sie erlaubt uns, erwünschte Resultate zu wiederholen und unerwünschte zu vermeiden – also die roten Pilze mit den weißen Punkten kein zweites Mal zu essen. Unser Talent, von einem Ereignis auf dessen Ursache zu schließen, ist überlebenswichtig. Deshalb sind wir so gut darin geworden – zu gut. Das Gehirn neigt dazu, selbst aus Zufällen scheinbare Ursachen und Wirkungen zu extrahieren. Häufig reicht uns alleine die zeitliche Abfolge: Was vorher passiert, verursacht, was nachher passiert. Diesen Schluss ziehen wir automatisch, oft ohne eine Ahnung zu haben, auf welche Weise das Ereignis die vermeintliche Wirkung erzeugt haben soll. Weil wir dabei Ursachen erfinden, die keine sind, ist eine eigentlich banale Feststellung zu einem der wichtigsten Leitsätze der Wissenschaft geworden: Korrelation bedeutet nicht Kausalität.

Korrelation heißt, dass zwei Dinge zusammengehen: Wenn A vorhanden ist, ist in der Regel auch B vorhanden. Hier einige Beispiele von Dingen, die korrelieren:

- der Verkauf von Klimaanlagen und der Absatz von Speiseeis;
- die Anzahl der Menschen, die durch einen Sturz in einen Pool ertrunken sind, und die Anzahl Filme, in denen Nicolas Cage aufgetreten ist;
- die Schuhgröße und die Lesekompetenz.

Eine Korrelation lässt sich durch bloße Beobachtung feststellen – man schaut die Schuhe und die Lesekompetenz an und sieht: je größer das eine, desto größer das andere. Wenn die Schuhgröße mit etwa 16 Jahren stagniert, entwickelt sich auch die Lesekompetenz nicht mehr weiter. Eine Korrelation sagt aber nichts darüber aus, ob die beiden Dinge etwas miteinander zu tun haben. Das ist bei der Kausalität anders. Kausalität heißt, das eine ist die Ursache für das andere – das Schlucken der Pille für das Sinken des Fiebers.

Falsche Annahmen über Korrelation und Kausalität stehen oft am Anfang von unfruchtbaren Diskussionen. Manchmal werden falsche Zusammenhänge bewusst insinuiert, oft aber auch aus Unwissen in die Welt gesetzt. Der amerikanische Jurastudent Tyler Vigen hat ein ganzes Buch mit kuriosen übereinstimmenden Häufigkeiten herausgebracht. Er hat einfach in Datenbanken nach Verläufen gesucht, die über Jahre Hand in Hand verliefen:

- die Scheidungsrate in Maine und der Pro-Kopf-Verbrauch von Margarine in den USA
- die Population der Weißstörche und die Geburtenrate in den Niederlanden
- die US-Ausgaben für Wissenschaft, Raumfahrt und Technologie und die Selbstmorde durch Erhängen, Strangulieren und Ersticken
- das Alter von Miss America und die Anzahl Morde durch heiße Dämpfe und heiße Gegenstände.

Falls Sie sich gewundert haben: Auch das Beispiel mit Nicolas Cage weiter vorne stammt aus Vigens Buch. Ich kann Sie beruhigen, Sie müssen sich nicht vom Pool fernhalten, wenn Nicolas Cage einen Film dreht. Die Korrelation ist in diesen Fällen rein zufällig und so leicht erkennbar, dass ihre Unsinnigkeit Unterhaltungswert hat. So wie in dieser Bibliothekswerbung: »Dinosaurier konnten nicht lesen, schau, was aus ihnen geworden ist.«

*

Eine zweite Fehlerquelle beim Schlussfolgern entspringt der Frage, welches von zwei Ereignissen die Ursache und welches die Wirkung ist. Im ersten Moment scheint die Antwort einfach zu sein. Niemand würde behaupten, dass drehende Windräder den Wind erzeugen oder dass es zu regnen beginnt, wenn man den Schirm öffnet. Das Sprichwort heißt nicht: Wenn die Mäuse zu tanzen beginnen, verlässt die Katze das Haus. Doch erstaunlich oft stellt sich eine scheinbar offensichtliche Abfolge von Ursache und Wirkung als falsch heraus oder zumindest als nicht klar belegbar. Wenn in der Schweiz über die Sinnhaftigkeit des Lateinunterrichts an den Gymnasien diskutiert wird, taucht früher oder später ein Zitat des früheren Präsidenten der ETH Zürich, Ralph Eichler, auf. 2009 hat er in einem Interview gesagt: »Wer Latein oder Griechisch hatte, ist oft auch an der ETH gut.« Die Altphilologen lieben dieses Zitat so sehr, dass sie es auf die Internetseite ihres Verbandes stellten.

Offensichtlich wollte der Physiker Eichler sagen, dass das Beherrschen von Latein der Grund sei für die guten Leistungen an der ETH. Und im ersten Moment scheint dieser Schluss auch plausibel, eilt Latein doch der Ruf voraus, es helfe beim logischen Denken und der allgemeinen Sprachkompetenz. Seltsam daran ist bloß: Keine der vielen Studien, die zu dieser Frage unternommen wurden, konnte diese Wirkung bestätigen. Was das bedeutet, liegt nahe: Die Richtung von Ursache und Wirkung könnte umgekehrt sein. Vielleicht werden die Schüler nicht besser durch Latein, sondern Latein wird von den besseren Schüler belegt.

Auch bei der Feststellung, dass gewalttätige Kinder mehr Zeit vor dem Bildschirm verbringen, ist Ursache und Wirkung ungewiss. Führt der Medienkonsum zur Gewalt, oder schauen gewalttätige Kinder einfach lieber YouTube? Selbst die Beobachtung, dass Radrennfahrer schlanker sind als der Durchschnitt der Bevölkerung, bedeutet nicht zwingend, dass man durch Radfahren Gewicht verliert. Es gibt Hinweise darauf, dass schlankere Menschen eher Radfahren als Hobby wählen.

*

Am häufigsten in die Irre führt aber nicht das Verwechseln von Ursache und Wirkung, sondern ein anderes Problem: ein versteckter Faktor, eine sogenannte dritte Variable, die vermeintliche Ursache und Wirkung gleichzeitig beeinflusst. Aufgespannte Schirme sind nicht der Grund für eingeschaltete Scheibenwischer. Der Regen ist der Grund für beide. Hier einige Korrelationen, die ein nicht genannter Umstand verursachen könnte. Finden Sie heraus, was als dritte Variable infrage kommt?

- Während der Corona-Pandemie titelte die britische Boulevardzeitung *Daily Mail*: »Rotwein schützt vor dem Coronavirus ... aber Bier nicht.« Eine Datenbankanalyse zeigte, dass Personen, die pro Woche mehr als fünf Gläser Rotwein tranken, eine 17 Prozent verminderte Wahrscheinlichkeit hatten, an Corona zu erkranken. Wer hingegen Bier oder Apfelwein zu sich nahm, erhöhte sein Risiko um 28 Prozent.
- Der Verkauf von Speiseeis korreliert in Australien mit der Anzahl von Haiangriffen.
- Zwei amerikanische Forscher stellten in den 1970er Jahren fest, dass mit der Anzahl der Kirchen in einer Stadt auch die Häufigkeit von Verbrechen steigt.
- Je besser die Ausbildung, desto höher der Lohn.

Haben Sie die versteckten Faktoren entdeckt? Schützt Rotwein wirklich vor Corona? Wahrscheinlicher ist, dass die Trinkgewohnheiten ein Merkmal bestimmter sozialer Schichten sind. Vielleicht erledigt der Rotweintrinker seine Arbeit eher im Homeoffice als der Biertrinker und steckt sich deshalb weniger an. Oder er hat den besseren Zugang zu Information.

Die Haiangriffe tauchen immer wieder als Beispiel für den versteckten Faktor Wetter auf. Wenn es warm ist, essen die Menschen mehr Eis und gehen häufiger im Meer schwimmen, wo die Haie auf sie warten. Die Korrelation von der Anzahl der Kirchen und Verbrechen klingt im ersten Moment ebenfalls rätselhaft. Weder führen die Kirchen zu Verbrechen, noch bauen Verbrecher Kirchen. Vielmehr gibt es in einer Stadt mit mehr Kirchen auch mehr Einwohner, von denen ein bestimmter Anteil mit dem Gesetz in Konflikt kommt. Die versteckte Variable ist die Bevölkerungszahl. Dass eine bessere Ausbildung einen höheren Lohn zur Folge hat, ist zwar plausibel, aber selbst dafür könnte es eine andere Erklärung geben. Es wäre auch möglich, dass begabte Kinder zwar häufiger an die Universität gehen, sie dank ihrer Begabung aber auch ohne Hochschule in einem gut bezahlten Job gelandet wären.

Zwei Beispiele für Bereiche, in denen wir besonders oft vorschnell von einer Korrelation auf eine Kausalität schließen, sind die Erziehung und die Medizin. Ein Grund dafür ist, dass uns der Weg, auf dem ein dritter Faktor vermeintliche Ursache und Wirkung beeinflusst, in beiden Fällen nicht offensichtlich ist. 1967 definierte die Entwicklungspsychologin Diana Baumrind die drei Erziehungsstile autoritär, permissiv und autoritativ, die salopp ausgedrückt »zu hart«, »zu weich« und »gerade richtig« bedeuten. Dutzende von Studien zeigten seither, dass Kinder, die eine autoritative – gerade richtige – Erziehung genossen, ihr Leben besser meistern. Sie verstehen sich besser mit anderen Kindern, werden seltener drogenabhängig und haben die besseren Schulnoten.

Aus diesen Korrelationen wurde eine Empfehlung für den autoritativen Erziehungsstil abgeleitet, weil dieser natürlich die Ursache für das positive Ergebnis sein musste. Doch dann zeigte sich, dass das Verhalten von Kindern nicht nur durch die Erziehung beeinflusst wurde, sondern auch durch die Gene, die ihnen ihre Eltern vererbten. Es stellte sich heraus, dass der Einfluss des Erbmaterials auf Persönlichkeit, Fähigkeiten und Interessen viel größer war als angenommen. Heute geht man davon aus, dass sich etwa die Hälfte der Wesensunterschiede zwischen den Menschen aus Unterschieden in den Genen erklären lassen. Nur maximal 17 Prozent kommen durch Unterschiede in der Erziehung zustande. In einigen Studien zeigten unterschiedliche Erziehungsstile sogar gar keine Wirkung. Vielmehr sollen neben der Vererbung zufällige Ereignisse bei der Vernetzung des Gehirns noch im Mutterleib eine Rolle spielen.

Diese Forschungsresultate sind schon lange bekannt und werden immer wieder bestätigt. Trotzdem fällt es schwer, zu akzeptieren, dass viele Eigenschaften einer Persönlichkeit unter einem starken genetischen Einfluss stehen. Ein Grund dafür: Ein Erziehungsstil lässt sich einfacher beobachten als das unsichtbare Band der Vererbung zwischen Eltern und Kindern. Ein anderer: Es verletzt unseren Sinn für Gerechtigkeit, wenn Menschen einfach so mit gewissen Neigungen beschenkt oder bestraft werden. Darüber hinaus wurde in der Vergangenheit die Idee der Vererbung politisch missbraucht, um bestimmte Menschen oder Menschengruppen zu diskriminieren. Und dann ist es natürlich auch eine Beleidigung, dass die unendlichen Mühen, die man auf sich nimmt, um aus einem Kind einen guten Menschen zu machen, bloß von beschränkter Wirkung sein sollen. Das sind alles Gründe dafür, weshalb wir versucht sind, die Korrelation zwischen Erziehungsstil und bestimmten Eigenschaften einer Person als Ursache und Wirkung zu deuten. Aber wenn nette Eltern nette Kinder haben, ist wahrscheinlich auch die Vererbung am Werk. Das bedeutet nicht, dass die Erziehung sinnlos ist. Sie kann zweifellos das Zusammenleben in einer Familie angenehmer machen. Doch man sollte ihre langfristige Wirkung nicht überschätzen.

Noch schwieriger ist es, in der Medizin nicht überall Ursachen und Wirkungen zu sehen. Schließlich ist es ihre ausgesprochene Aufgabe herauszufinden, was krank macht und was gesund. Wenn Sie ein Mittel einnehmen und es geht Ihnen danach besser, können Sie nicht anders, als dem Mittel Heilkräfte zuzusprechen. Andere Erklärungen kommen kaum gegen die Erfahrung am eigenen Leib an. Dabei gibt es durchaus plausible alternative Möglichkeiten. Viele Krankheiten heilt unser Körper selbst. Wenn diese Selbstheilung zufälligerweise kurz nach der Einnahme eines Medikaments eintritt, erhält das Medikament die Lorbeeren, die dem Körper zustünden. Diese Selbstheilungskräfte werden durch den Placeboeffekt aus dem vorangegangenen Kapitel noch verstärkt. Die Erwartungshaltung wird dabei zum versteckten Faktor, der Ursache und Wirkung gemeinsam beeinflusst. Sie ist der Grund, weshalb wir ein Medikament überhaupt einnehmen: Wir erwarten, dass es hilft. Und die Erwartung ist auch die Ursache, weshalb es uns danach besser geht: Sie aktiviert die Selbstheilungskräfte und bewirkt, dass wir uns besser fühlen.

Aus diesem Grund werden Versuchsteilnehmer bei Medikamententests in zwei Gruppen eingeteilt: Die eine erhält den Wirkstoff, die andere ein wirkungsloses Placebo. Wer welches Präparat bekommt, bleibt bis zum Abschluss des Versuchs geheim. Weder die Patienten noch das medizinische Personal dürfen es wissen. Nur wenn am Schluss das Medikament besser abschneidet als das Placebo, bescheinigt man ihm eine medizinische Wirkung. Viele Behandlungen aus der sogenannten alternativen Medizin wie die Homöopathie oder die Bachblütentherapie fallen bei solchen Doppelblindstudien durch. Die vermeintliche Wirkung wird bei ihnen allein von der Erwartung erzeugt. Dass viele Leute trotzdem auf sie schwören, hat damit zu tun, dass es die längste Zeit der Menschheitsgeschichte keine placebokontrollierten Doppelblindstudien gab. Wir vertrauten der eigenen Erfahrung und den ungeprüften Ansichten von Freunden, und das tun wir bis heute.

Die einzige Möglichkeit, Ursache und Wirkung eindeutig zu bestimmen, bietet das wissenschaftliche Experiment, bei dem man möglichst viele Einflussgrößen künstlich unter Kontrolle hält. Wer sichergehen will, dass der Wind die Windräder dreht und nicht die Windräder den Wind erzeugen, muss alle Windräder anhalten. Bläst der Wind danach immer noch, muss er die Ursache sein. Doch bei vielen

Phänomenen ist es aus ethischen oder praktischen Gründen nicht möglich, Experimente zu machen. Die Welt ist kein Billardtisch. Man kann zum Beispiel nicht Kinder schlagen, um herauszufinden, wie sich das auf ihre Entwicklung auswirkt. Wenn sich kein Experiment machen lässt, dann muss zumindest ein plausibler Mechanismus bekannt sein, wie die Ursache die Wirkung erzeugen könnte. Die fehlt bei der Homöopathie zum Beispiel komplett, ist aber beim Klimawandel schon lange bekannt. Ein plausibler Mechanismus ist auch der Grund dafür, dass man keine Experimente durchführen muss, um herauszufinden, dass die Benutzung eines Fallschirms beim Sprung aus dem Flugzeug die Sterblichkeit verringert.

Der Streit um Korrelation und Kausalität wird auf alle Zeiten Teil vieler Debatten bleiben. Auch wenn Sie die vorangehenden Fallstricke kennen, ist es enorm schwierig, sie bei gesellschaftlichen oder politischen Entwicklungen auseinanderzuhalten.

*

Sind Sie jetzt imstande, das Rätsel um die Erkältung vom Anfang des Kapitels zu lösen? Hier ist es noch einmal: In der kalten Jahreszeit häufen sich Erkältungen, doch alle Versuche, Frieren als entscheidenden Faktor festzumachen, sind gescheitert. Das Heimtückische an der Lösung ist, dass tatsächlich die Kälte für die Ausbreitung von Erkältungen verantwortlich ist, bloß nicht auf die vermutete Art und Weise. Nicht dass Sie frieren, ist entscheidend, sondern dass Sie sich bei kaltem Wetter häufiger und gedrängt in schlecht gelüfteten Räumen aufhalten. Das macht es den Erkältungsviren einfacher, neue Wirte zu finden. Zudem sind die Viren an der trockenen Luft im Winter länger funktionsfähig und vermehren sich bei tiefen Temperaturen schneller. Als dritte Ursache gilt der Mangel an Vitamin D, dessen Bildung Sonnenlicht benötigt, von dem es im Winter weniger gibt. Zwar soll bei kühleren Körpertemperaturen die Immunabwehr schlechter funktionieren und sich die Viren schneller ausbreiten. Aber der Beweis, dass deshalb Frieren die Wahrscheinlichkeit einer Erkältung tatsächlich erhöht, konnte bisher nicht erbracht werden. Ein Grund dafür, dass sich der Mythos trotzdem hartnäckig hält, beruht auf einer Täuschung unserer Wahrnehmung: Wenn wir uns erkältet haben, ist es einfach, uns an eine Situation zu erinnern, in der uns kalt war. Doch alle die Momente, in denen wir froren und später nicht erkrankten, holen wir uns nie ins Gedächtnis zurück.

Bereits Christopher Andrewes von der Common Cold Unit erkannte, dass die Wissenschaft einen schweren Stand hatte gegen den Volksglauben. »Sogar die hervorragendsten Wissenschaftler verlieren fast ausnahmslos jedes kritische Urteilsvermögen, wenn Erkältungen, im Speziellen ihre eigenen Erkältungen, betroffen sind, und vergessen die statistischen Methoden, die sie in ihrer täglichen Arbeit brauchen.« Das schrieb er 1949. Es hat seine Gültigkeit behalten, und trotzdem glauben wir, es besser zu wissen. Wie sehr wir unser Wissen immer wieder überschätzen, steht im nächsten Kapitel.

Fazit

Nur wer Ursache und Wirkung zusammenbringt, kann die Welt verstehen, denn in der Ursache steckt die Erklärung, warum etwas passiert. Wer Entscheidungen trifft, braucht dieses Wissen, um die Konsequenzen seiner Handlung abzuschätzen. Deshalb kann der Mensch nicht anders, als ständig nach Gründen für Ereignisse zu suchen. Dabei begeht er häufig einen von drei Fehlern:

- Er sieht Verbindungen zwischen Vorgängen, wo es keine gibt, wo das Zusammengehen von Werten also bloßer Zufall ist.
- Er hält die Ursache für die Wirkung und die Wirkung für die Ursache.
- Er übersieht, dass vermeintliche Ursache und Wirkung in Wirklichkeit von einem versteckten dritten Faktor abhängen, der beide gleichzeitig beeinflusst.

Mit einem wissenschaftlichen Experiment ließen sich die Zweifel über Ursache und Wirkung ausräumen. Doch in vielen Fällen sind Experimente aus ethischen oder praktischen Gründen nicht möglich.

5. Wie funktioniert die Toilettenspülung?
Der Irrglaube vom Wissen

Bevor Sie weiterlesen, habe ich eine kleine Aufgabe für Sie: Nehmen Sie ein Stück Papier und zeichnen Sie ein Fahrrad. Eine Strichzeichnung mit den wichtigsten Komponenten reicht aus.

2009 saß Gianluca Gimini mit einem Freund in einer Bar in Bologna. Die beiden sprachen über ihre Schulzeit und wie sich ein Mitschüler im Technikunterricht blamierte. Er konnte sich nicht mehr daran erinnern, ob die Kette eines Fahrrads zum Vorder- oder zum Hinterrad führt. Giminis Freund konnte nicht fassen, dass man derart ahnungslos sein konnte. Dann nahm er eine Serviette, begann zu zeichnen – und versagte. »Das war der Tag, an dem ich anfing, Fahrradzeichnungen zu sammeln«, sagt Gimini. Gianluca Gimini ist Designer und ein großer Radfan. Bald stellte er die Aufgabe anderen Bekannten. Ihre Zeichnungen zeugten von einem tiefen Unverständnis über die Funktion eines Fahrrads. Mal fehlte der Sattel, oder es gab am Vorderrad Streben, die das Lenken verhindern würden. Die Kette wurde manchmal ganz vergessen oder sie führte vom Vorderrad zum Hinterrad.

Es dauerte nicht lange und Gimini hatte Hunderte von Skizzen fahruntüchtiger Räder beisammen. Dann kam er auf jene Idee, die ihn berühmt machen sollte: Er erstellte am Computer fotorealistische Darstellungen der unmöglichen Fahrräder. Dazu wählte er jene Skizzen aus, deren Elemente einigermaßen erkennbar waren. Manche Zeichner hatten nämlich geschummelt, indem sie ihr Unwissen hinter einem chaotischen Gewirr von Linien versteckten. Die dreidimensionalen Darstellungen der seltsamen Zweiräder fanden ihren Weg in Ausstellungen auf der ganzen Welt. Das Museum of Old and New Art in Tasmanien ließ für seine Sammlung fünf davon als richtige Fahrräder nachbauen.

Giminis Zeichnungskollektion legt Zeugnis ab von der Unwissenheit der Menschen. Doch sie offenbart nicht nur eine Wissenslücke, sondern auch die universelle Selbstüberschätzung, an der unsere Art leidet: Bis die Zeichner den Stift in die Hand nahmen, waren sie nämlich überzeugt, die Anatomie eines Fahrrads genau zu kennen. Erst als es konkret wurde, zeigte sich, dass sie einer Täuschung erlagen. Und dasselbe geschieht in Diskussionen. Wir reden so wendig über die Gefahren der künstlichen Intelligenz, die Beliebigkeit der Postmoderne, die Unzuverlässigkeit von PCR-Tests, dass wir schon selber daran glauben, diese Dinge zu verstehen.

*

Wie sehr wir unser Wissen überschätzen, haben die Psychologen Leonid Rozenblit und Frank Keil in einer Arbeit aus dem Jahr 2002 demonstriert. Sie fragten ihre Versuchsteilnehmer: Wie funktioniert ein Reißverschluss? Eine Toilettenspülung? Ein Tachometer? Eine Klaviertaste? Die Beschreibungen waren derart dürftig, dass die Forscher den Begriff »Illusion of Explanatory Depth« erfanden: der Irrglaube, etwas erklären zu können. Die Probanden hatten nämlich zuvor angegeben, diese Dinge zu verstehen. Nachdem sie mit ihren Erklärungen gescheitert waren, korrigierten sie zwar ihre Selbsteinschätzung etwas nach unten, doch das Phänomen blieb erstaunlich resistent. Das zeigte sich etwa, als man den Versuchsteilnehmern nach dem Experiment verriet, eine zweite Gruppe habe die Funktion von Zylinderschloss, Helikopter, Quarzuhr und Nähmaschine erklären müssen. Mehrere Teilnehmer waren überzeugt, dass sie diese Aufgaben viel besser hätten lösen können.

Der einfachste Beweis unserer Überheblichkeit steckt in der Frage: Halten Sie sich für einen überdurchschnittlich guten Autofahrer? 1980 hat sie der Psychologe Ola Svenson schwedischen und amerikanischen Studenten gestellt. Sie sollten auf einer Skala von 0 bis 100 Prozent eintragen, wie sie ihre Fahrweise im Vergleich zu ihren Kollegen im selben Raum einschätzten. Von den Schweden glaubten 69 Prozent, zur besseren Hälfte zu zählen, bei den Amerikanern waren es 93 Prozent. Falls die Zahlen Sie verwirren: Zur besseren Hälfte können aus arithmetischen Gründen immer nur 50 Prozent gehören.

Aus welch irrelevanten Quellen sich unsere Selbstüberschätzung speist, zeigte ein originelles Experiment der Psychologin Maryanne Garry. Garry stellte ihren Versuchspersonen folgende Frage: »Stellen Sie sich vor, Sie sitzen in einem kleinen Verkehrsflugzeug. Aufgrund eines Notfalls ist der Pilot ausgefallen und Sie sind die einzige Person, die das Flugzeug landen kann. Wie sicher sind Sie [auf einer

Skala von 1 bis 100], dass Sie das Flugzeug landen könnten, ohne dabei umzukommen?«

Obwohl die Versuchspersonen keine Flugerfahrung hatten, kamen sie im Durchschnitt auf einen Wert von 29. Doch es kommt noch schlimmer. Bevor sie die Frage beantworteten, sah ein Teil der Versuchsteilnehmer ein vier Minuten langes Video aus dem Cockpit einer Verkehrsmaschine während der Landung. Der tonlose Clip zeigte weder die Hände der Piloten noch die Instrumente. Er war, wie es ein Pilot der Air New Zealand mit 35 Jahren Flugerfahrung ausdrückte, didaktisch zu »hundert Prozent nutzlos«. Trotzdem stärkte der Film das Selbstvertrauen der Versuchspersonen derart, dass sie nun 30 Prozent sicherer waren, eine Landung zu überleben. In einer anderen Untersuchung trat ein ähnlicher Effekt ein, nachdem die Probanden dreißig Mal ein Video eines Dartspielers gesehen hatten, der ins Schwarze traf. Sie schätzten sich als viel bessere Dartwerfer ein als Personen, die es sich bloß einmal anschauten.

Unsere Selbstüberschätzung macht aber nicht bei Apparaten und Handlungsabläufen halt, das Halbwissen setzt sich nahtlos von Fahrrädern und Cockpits zu Pensionskassen und der Klimaerwärmung fort. Studie um Studie zeigt: Wir machen uns ständig vor, Dinge zu verstehen, von denen wir keine Ahnung haben. Dabei schneiden wir oft nicht bewusst auf, wir erliegen tatsächlich der Illusion, etwas zu verstehen, das wir nicht verstehen. Erst wenn wir eine genaue Erklärung liefern müssen, bricht unser oberflächliches Wissen in sich zusammen. Das ist denn auch die wirksamste Maßnahme gegen diese Illusion. Fragen Sie Ihre Gesprächspartner nicht nach Gründen für ihre Meinungen, sondern nach Erklärungen für die damit verbundenen Vorgänge. Oft müssen sie sich dann der Tatsache stellen, dass ihr Verständnis lückenhaft ist. »Sobald sie erkennen, dass ihr Wissen ihre Selbstsicherheit nicht rechtfertigt, mäßigen sie ihre Positionen«, sagt der Psychologe Philip Fernbach, »aber das passiert nicht, wenn man sie bittet, Gründe zu nennen.«

Als Journalist habe ich hin und wieder mit Leuten zu tun, die überzeugt sind davon, dass eine geheimnisvolle Macht die Presse infiltriert hat. Ich habe mir zur Gewohnheit gemacht, sie nicht zu fragen, wie sie auf diese Idee kommen, sondern wie sie sich das konkret vorstellen: Welche Person schickt meiner Zeitung die Befehle? Auf welche Weise kommen sie bei der Zeitung an? Und wie gelangen sie an mein Pult im 5. Stock? Das allein bringt die Leute zwar nicht von ihrer Meinung ab, aber immerhin geraten sie für einen Moment ins Stottern.

Wer sich hingegen nicht erklären muss, dessen Hochstapelei bleibt oft unentdeckt. Das zeigen sogenannte Overclaiming-Fragebogen, aus denen das nachfolgende Beispiel stammt. In solchen Erhebungen, die als Wissenstest getarnt sind, müssen die Befragten angeben, wie sehr sie mit gewissen Begriffen vertraut sind. Zum Beispiel mit diesen hier aus der Wirtschaft:

- Nash Gleichgewicht
- Gesättigter Marktdrehpunkt
- Spieltheorie
- Nikkei
- Alpha Centauri Index (ACI)
- Blue Chips

Und? Welche davon kennen Sie? Sind Sie mit dem gesättigten Marktdrehpunkt vertraut? Oder können Sie sich sogar dunkel an den Alpha Centauri Index erinnern? Gratuliere, Sie gehören zu einer Mehrheit von Leuten, die Dinge zu kennen glauben, die es gar nicht gibt. Die beiden Begriffe sind erfunden.

Schon 1938 stellte der amerikanische Psychologe Eugene Hartley in einer Studentenbefragung fest, dass ein Teil der jungen Leute etwas gegen Danieraner hatte. Sie sollten weder eingebürgert werden, geschweige denn in die Familie einheiraten. Den Danieranern dürfte das egal gewesen sein, denn auch sie gab es nicht. Hartley hatte sie mit den Pirenianern und den Wallonianern für eine Studie über Vorurteile erfunden.

Diese Experimente lassen erahnen, wie oft wir über Dinge reden, von denen wir nicht die geringste Ahnung haben: Wer den gesättigten Marktdrehpunkt kennt, wird auch mit seiner Meinung zur Kernkraft nicht hinter dem Berg halten, und wer die Danieraner aus dem Land haben will, wie könnte der nicht auch ein Experte für die EU-Außengrenzen sein? Wenn Sie jetzt triumphieren, weil Sie sich nicht hinters Licht haben führen lassen: Nehmen Sie ein Blatt Papier und skizzieren Sie eine WC-Spülung!

In einer direkten Demokratie hat die maßlose Selbstüberschätzung irritierende Folgen: Sie führt dazu, dass wir über viele Dinge Beschlüsse fällen, die wir nicht verstehen. Daraus erwuchs die Forderung des Science-Fiction-Autors Robert Heinlein, wer keine quadratische Gleichung lösen könne, solle auch nicht abstimmen dürfen. Das sei das »absolute Minimum an Intelligenz und Bildung«, das ein Staat von seinen Bürgern verlangen müsse. Auch der amerikanische Philosoph und Politikwissenschaftler Jason Brennan stellte in seinem Buch *Gegen Demokratie* 2017 das uneingeschränkte Wahlrecht für uninformierte Bürger infrage. Doch solche Fantasien erleiden Schiffbruch, sobald die Frage auftaucht: Wer darf bestimmen, welches Minimalwissen ein Bürger mitbringen muss? Dass es bei Heinlein ausgerechnet die quadratische Gleichung war, ist kein Zufall: Er hatte Mathematik und Physik studiert.

Einmal mehr erkennen wir Wissenslücken besser bei anderen als bei uns selbst. Das ist ein wiederkehrendes Motiv in diesem Buch. Aber wenn Sie für einen Moment in sich gehen, werden Sie durchaus erkennen, dass Ihre Meinungen unterschiedlich stark unterfüttert sind und dass Sie von einigen Dingen, zu denen Sie eine klare Haltung haben, erstaunlich wenig wissen. Wenn Sie von Ihren Gesprächspartnern Erklärungen fordern, müssen Sie damit rechnen, dass diese Gegenrecht halten. Dabei geht es oft um mehr als um reines Faktenwissen.

Als ich Wissenschaftsjournalismus unterrichtete, verteilte ich zu Beginn des Kurses immer einen Bogen mit zehn Fragen. Eine davon lautete: Was ist der wichtigste Unterschied zwischen Pflanzen und Tieren? Oft waren die Antworten erwartbar falsch: Im Gegensatz zu Pflanzen können sich Tiere frei bewegen, haben ein Bewusstsein und einen Blutkreislauf. Ein- oder zweimal war auch die richtige Antwort darunter: Pflanzen beherrschen die Photosynthese. Doch was das bedeutete, konnte oft niemand wirklich erklären. »Der Schlüssel zu einer guten Entscheidungsfindung ist nicht Wissen. Es ist das Verstehen. In Ersterem schwimmen wir. An Letzterem mangelt es uns gewaltig«, hat der amerikanische Journalist Malcolm Gladwell in seinem Buch *Blink – Die Macht des Moments* geschrieben. Wissen ist in diesem Fall der Begriff Photosynthese, Verstehen ist dieser Satz: Im Gegensatz zu Tieren können Pflanzen die Energie der Sonne nutzen, um aus Kohlendioxid und Wasser energiereiche chemische Verbindungen herzustellen, die den Tieren als Nahrung dienen. Das Fremdwort Photosynthese braucht es noch nicht einmal.

*

Die Gründe für unsere konstante Selbstüberschätzung sind vielfältig. Einerseits geben sich Menschen gerne absichtlich etwas selbstbewusster, als sie es sind. Aus gutem Grund. »Selbstvertrauen lässt Menschen in den Augen anderer kompetenter erscheinen, selbst wenn dieses Vertrauen ungerechtfertigt und unberechtigt ist«, sagt der Psychologe Cameron Anderson. Ein bisschen narzisstische Selbstüberhöhung kann ein Weg zu einem höheren sozialen Status sein, ein gefährlicher allerdings, denn wer zu hoch pokert, kann enttarnt werden.

Andere Gründe sind weniger kompromittierend. Die Illusion etwa, einen Apparat zu verstehen, kommt häufig intuitiv zustande. Sie ist umso größer, je sichtbarer seine Einzelteile sind. Wahrscheinlich hat sie damit zu tun, dass sich unsere Vorstellung eines Vorgangs wie ein Film anfühlt und wir deshalb glauben, sie sei genauso detailreich. »Natürlich ähnelt der mentale Film mehr Hollywood als dem wirklichen Leben«, schreiben Leonid Rozenblit und Frank Keil, die die Studie mit dem Reißverschluss und der Toilettenspülung durchführten. »Wenn wir versuchen, uns auf die verführerisch glänzende Oberfläche zu stützen, stellen wir fest, dass die Kulissen nur hohle Pappen sind.« Keil hält es für schlau, dass unser Hirn seinen beschränkten Platz nicht mit der genauen Funktion eines Reißverschlusses belastet. Falls wir tatsächlich einmal auf dieses Wissen angewiesen wären, brauchen wir bloß einen Reißverschluss anzuschauen. Aber selbst das ist wahrscheinlich eine Illusion. Schauen Sie sich doch einfach mal einen Reißverschluss an und versuchen Sie, zu erklären, wie er funktioniert.

»Wir unterscheiden nicht zwischen dem Wissen in unserem Kopf und dem Wissen außerhalb davon«, schreiben die Psychologen Steven Sloman and Philip Fernbach in ihrem Buch *The Knowledge Illusion: Why We Never Think Alone.* »Ein großer Teil des menschlichen Wissens besteht einfach aus dem Bewusstsein, dass es dieses Wissen da draußen irgendwo gibt.« Im Gehirn erweckt dieses Bewusstsein aber den Eindruck, alles sei zwischen den Ohren gespeichert und sofort greifbar. Ein Experiment zeigte zum Beispiel, dass Versuchspersonen nach einer Online-Suche zu *einem* Thema glaubten, auch über ein *anderes* Thema besser Bescheid zu wissen.

Bei der Flugzeuglandung kommt hinzu, dass das Video die Vorstellung erleichtert, selbst am Steuerknüppel zu sitzen. Daraus zieht das Gehirn dann möglicherweise den falschen Schluss, auch zu wissen, was dort zu tun sei. »Menschen behandeln ihre Gefühle als Informationen, wenn sie sich ein Urteil darüber bilden, was sie wissen, mögen, glauben und verstehen«, schreibt die Autorin der Cockpit-Studie Maryanne Gary: »Bei der Verarbeitung von Informationen werden wir davon beeinflusst, wie leicht oder schwer es sich anfühlt, etwas zu tun.«

Die naturgegebene Selbstüberschätzung der Menschen ist aber nur ein Teil unseres Wissensproblems. Ein anderer ist, dass wir bestimmte Fakten systematisch verzerrt wahrnehmen. Der schwedische Gesundheitsexperte Hans Rosling hat 2017 ein Quiz mit 13 Fragen zur Lage der Welt entwickelt. Hier drei davon:

In den letzten 20 Jahren hat sich der Anteil der in »extremer Armut« lebenden Menschen an der Weltbevölkerung ...
a) ... fast verdoppelt
b) ... ist ungefähr gleichgeblieben
c) ... fast halbiert

1996 galten Tiger, Riesenpandas und Spitzmaulnashörner als stark vom Aussterben bedroht. Wie viele dieser Spezies sind heute noch stärker bedroht als damals?
a) Zwei davon
b) Eine von ihnen
c) Keine von ihnen

Wie viele Kinder werden in ihrem ersten Lebensjahr gegen eine Krankheit geimpft?
a) 20 Prozent
b) 50 Prozent
c) 80 Prozent

Bei allen drei Fragen ist jeweils die erfreulichste dritte Antwort die richtige. Der Test enthält zehn weitere Fragen über Armut und Reichtum, Bevölkerungswachstum, Geburt, Tod, Bildung, Gesundheit, Geschlecht, Gewalt, Energie und die Umwelt. Rosling hat ihn über Jahre mit Menschen in der ganzen Welt gemacht. Weder ist er kompliziert noch gibt es Trickfragen. »Dennoch schneiden die meisten Menschen extrem schlecht ab«, wie Rosling in seinem Buch *Factfulness* schreibt. Die Frage zur Armut etwa beantworteten im Durchschnitt nur 7 Prozent der Befragten richtig. Von den 13 Fragen lagen sie im Mittel bloß bei dreien richtig. Das sind weniger Treffer als bei einem Schimpansen, der die Kreuze zufällig gesetzt hätte. Die Antworten seien nicht nur »erschütternd falsch, sondern auch systematisch falsch«, schreibt Rosling und fragt: »Wie ist es überhaupt möglich, dass die Mehrheit der Menschen schlechter abschneidet als Schimpansen?« Jede Gruppe von Menschen, die er befragt habe, halte die Welt für beängstigender, gewalttätiger und hoffnungsloser, als sie tatsächlich sei.

Schuld daran scheinen auf den ersten Blick die Medien zu sein, die ständig über Mord und Totschlag, über Umweltzerstörung und Katastrophen berichten. Damit erwecken sie bei den Lesern den Eindruck, es gehe alles den Bach hinunter auf der Welt. Viele hitzige Diskussionen über die Zukunft der Menschheit werden vor dem Hintergrund einer vermeintlichen Apokalypse geführt. Und zweifellos stehen wir vor großen Problemen wie der Klimaerwärmung, dem Artensterben oder der Übernutzung von Böden. Doch sonst haben sich die meisten Kennzahlen zu Armut, Gesundheit und Umwelt positiv entwickelt. Die Medien sind allerdings nur indirekt für das Trugbild verantwortlich. Sie reagieren bloß auf eine Eigenschaft, die uns allen in die Wiege gelegt wurde: Veränderung erregt unsere Aufmerksamkeit, nicht Stillstand. Zudem haben wir ein derart ausgeprägtes Interesse an Gewalt, dass wir sogar für ihre Simulation bezahlen: Kriminalgeschichten im Kino und in Büchern. Die Schlagzeile »Schon wieder keiner gestorben in Niederbipp« klickt keiner an. »Good news is no news«, heißt es in den Redaktionen. Der Psychologe Steven Pinker hat Journalismus »eine nicht zufällige Auswahl von schlimmen Ereignissen auf der Erde« genannt.

Unsere Medien sind Durchlauferhitzer, die im Sekundentakt Kurznachrichten auswerfen. Der Friedensforscher Johan Galtung hat schon 1965 festgestellt, dass negative Nachrichten häufig auf plötzliche Ereignisse zurückgehen, positive aber auf langsame Entwicklungen. Die Beschleunigung der Medien verzerrt so unseren Eindruck der Welt. Wenn eine Zeitung nicht jeden Tag erschiene, sondern nur einmal in hundert Jahren, sie würde kaum über des Verletzungspech von Fußballern oder den spektakulären Coup von Bankräubern berichten, es fände sich darin wahrscheinlich noch nicht einmal eine Meldung über einen Flugzeugabsturz und erst recht keine über einen Autounfall. Stattdessen würde sie vermelden, dass die Kindersterblichkeit weltweit von 32 Prozent auf 4 Prozent gesunken ist.

Und wenn Zeitungen nur noch alle 100 oder gar 500 Jahre erschienen, würde noch etwas Zweites augenfällig: Vieles, wovon die Menschen früher überzeugt waren, hat sich als falsch herausgestellt. Die Sonne dreht sich nicht um die Erde, stinkende Luft verursacht nicht die Pest und aus Eisen kann man kein Gold machen. Es mag nach einer banalen Erkenntnis klingen, dass das Wissen der Menschheit im Verlauf der Geschichte zugenommen hat. Aber die scheinbar harmlose Feststellung über die Ahnungslosigkeit unserer Vorfahren hat ungeahnte Folgen für die Gegenwart. Der amerikanische Autor Chuck Klosterman hat sie in seinem aberwitzigen Buch *But What if We're Wrong?* beschrieben. Seine Überlegung ist bestechend einfach. Wer annimmt, dass sich der Wissenszuwachs der Menschheit nicht verlangsamt, weil wir inzwischen alles herausgefunden und verstanden haben, der muss akzeptieren, dass die Menschen in 500 Jahren unsere Zeit als genauso rückständig wahrnehmen werden wie wir heute das Mittelalter: Eine Zeit voller Überzeugungen, die sich im Nachhinein als falsch erweisen werden. »Es ist unmöglich, die Welt von heute zu verstehen, solange das Heute nicht zum Morgen geworden ist«, schreibt Klosterman. »Das ist keine brillante Einsicht, und nur ein Narr würde ihr widersprechen. Aber es ist bemerkenswert, wie häufig diese Wahrheit ignoriert wird.« Fehleinschätzungen werden erst aus der Sicht einer Zukunft erkennbar, die wir noch nicht kennen.

In Anlehnung an Ockhams Razor hat Chuck Klosterman Klostermans Razor definiert: »die philosophische Überzeugung, dass die beste Hypothese diejenige ist, bei der man reflexartig akzeptiert, dass sie von vornherein falsch sein könnte.« Doch selbst wenn wir Klostermans Razor anwenden, bleibt ein Problem ungelöst: Der größte Teil von dem, was wir für wahr halten, wissen wir aus Büchern und Filmen, aus der Schule und von Bekannten. Es ist Wissen aus zweiter Hand, das wir nicht selber überprüfen konnten.

Wem sollen wir dabei vertrauen? Davon handelt das nächste Kapitel.

Fazit

Die wichtigste Grundlage, um sich eine Meinung zu bilden, ist Wissen. Doch es zeigt sich, dass wir nicht nur wenig wissen, sondern auch dazu neigen, unsere Unwissenheit zu vertuschen oder sie erst gar nicht zu erkennen. Was wir wissen, stellt sich zudem bei näherem Hinsehen oft als falsch oder verzerrt heraus. Der perfekte Sturm aus mangelnder Sachkenntnis, Missinformation und Narzissmus führt dazu, dass wir uns überschätzen und zu Themen äußern, von denen wir nichts verstehen.

Diesen Notstand erkennt, wer nicht vor allem nach den Gründen für eine Haltung fragt, sondern nach Erklärungen für die damit verbundenen Vorgänge. Fragen wie »Auf welche Weise hat man das herausgefunden?« oder »Wie funktioniert das eigentlich?« zeigen oft die Grenzen des Wissens auf – jene der Gesprächspartner und die eigenen. Zudem lehrt uns der Blick in die ferne Vergangenheit, dass sich auch fest gefügte Überzeugungen auf Dauer als falsch oder unvollständig erweisen können. Dagegen hilft einzig mehr Demut vor der Komplexität der Welt.

6. »Mein Wissenschaftler ist besser als dein Wissenschaftler!«
Der wissenschaftliche Konsens

Was »Mad« Mike Hughes am 22. Januar 2020 tat, machte seinem Beinamen »der Verrückte« alle Ehre. Kurz nach ein Uhr nachmittags bestieg der 64-jährige Stuntman die Kapsel seiner selbst gebauten Rakete, schnallte sich an und wartete auf den Start. Der Plan sah vor, dass er mit dem Fluggerät eine Höhe von 1.500 Metern erreichen würde, bevor ihn die Kapsel an einem Fallschirm schwebend zur Erde zurückbrächte. Zwei Jahre zuvor war Hughes auf diese Weise bereits in eine Höhe von 570 Metern gelangt. Dereinst wollte er so weit in den Himmel reisen, dass er erkennen konnte, ob die Erde tatsächlich rund war. Hughes gehörte zu der seltsamen Gemeinschaft der Flat-Earther, die glauben, die Erde sei eine Scheibe. In einem Dokumentarfilm sagte er 2017: »Ich werde mich nicht auf das Wort anderer verlassen, nicht auf die NASA und schon gar nicht auf Elon Musk mit SpaceX. Ich werde hier meine eigene Rakete bauen und mit eigenen Augen sehen, wie die Welt aussieht, auf der wir leben.«

Man mag Mike Hughes für einen Spinner halten, zumal er sein Unterfangen mit dem Leben bezahlte – der Fallschirm öffnete sich an jenem Mittwochnachmittag nämlich nicht, sodass die Kapsel ungebremst zu Boden stürzte und Hughes noch an der Unfallstelle verstarb. Doch sein Verlangen, »mit eigenen Augen« zu sehen, was er bloß aus Büchern und von Bildern kannte, deckt eine eklatante Schwachstelle unseres Wissens auf: Weil wir nur einen winzigen Bruchteil der Welt aus eigener Erfahrung kennen, haben wir keine andere Wahl, als eine Vielzahl von Informationen als Tatsachen zu akzeptieren, die wir nicht selbst überprüfen können. Mit eigenen Augen gesehen, dass die Erde rund ist, haben nur etwa 600 Raumfahrerinnen und Raumfahrer. Wir übrigen Erdlinge – abgesehen von Mike Hughes und den anderen Mitgliedern der Flat-Earth-Society – glauben es einfach. Wenn wir ehrlich sind, vertreten wir dabei eine kuriose Überzeugung, die unseren Sinnen diametral widerspricht und deren physikalische Gründe den meisten von uns unbekannt sind. Einen Beweis dafür, dass die Erde eine Kugel ist, können wir in einem Gespräch ebenso wenig erbringen wie dafür, dass Menschen und Affen gemeinsame Vorfahren haben oder dass die Türme des World Trade Centers in New York am 11. September 2001 einstürzten, weil zwei Flugzeuge in sie gekracht waren.

Was Sie für richtig und wahr halten, lernen Sie in der Schule und aus Büchern, Sie sehen es am Fernsehen und auf Facebook, Sie hören es von Freunden und Experten. »Sie müssen sich mit der Tatsache abfinden, dass 95 Prozent Ihrer Ideen und Meinungen nicht Ihre eigenen sind«, schreibt der amerikanische Schriftsteller Robert Greene in seinem Buch *The Daily Laws*. »Sie sind ein Konformist. Das ist es, was Sie sind. Ich bin auch einer, jeder ist einer. Und Sie können das nur erfassen, wenn Sie über sich nachdenken und erkennen, dass diese Eigenschaften, diese Fehler, die in uns angelegt sind, auch in Ihnen stecken.« Nur ganz selten haben Sie Ihr Wissen aus direkter Anschauung oder eigener Erfahrung gewonnen. Niemand kann seine Meinung rechtfertigen, indem er die Argumentationskette bis zu Adam und Eva zurückverfolgt.

Wissen weitergeben zu können, gehört zu den unerhörten Fähigkeiten unserer Art, die kein anderes Tier auch nur annähernd im selben Maße beherrscht. Es ist der Motor des kulturellen Fortschritts. Unsere Sprachfähigkeit sorgt dafür, dass nicht jeder das Rad und das iPhone neu erfinden muss. Anders als Löwen oder Ameisen, die heute noch so leben wie vor tausend Jahren, hat der Mensch die Welt in dieser Zeit radikal verändert. Und in weiteren tausend Jahren wird sie noch einmal unvorstellbar anders aussehen. »Wenn ich weiter geblickt habe, so deshalb, weil ich auf den Schultern von Riesen stehe«, hat Isaac Newton 1676 über das Vermächtnis früherer Generationen geschrieben.

*

In einem Streitgespräch hat das Hantieren mit Wissen aus zweiter Hand einen unvermeidlichen Makel: Wenn Sie sich mit Ihren Gesprächspartnern nicht darüber einigen können, welches Wissen als gesichert gilt, endet die Diskussion oft in einer Sackgasse. Dabei muss es nicht um Selbstverständlichkeiten wie die Form der Erde gehen. Auch geringfügige Uneinigkeiten über stillschweigende Annahmen bringen ein Gespräch leicht zum Stillstand. Sie können in einem solchen Moment natürlich versuchen, Ihren Argumenten zusätzliche Autorität zu verleihen, indem Sie einen Wissenschaftler in den Zeugenstand rufen. Das scheint im ersten Moment eine hervorragende Strategie zu sein: Eine Professorin mit Doktortitel und Lehrstuhl wird dem Gegenüber schon zeigen, wo der Hammer hängt. Doch leider entpuppt sich ein solches Vorgehen meistens als Rohrkrepierer. Selbst eine Nobelpreisträgerin zu zitieren, ist in einem Streitgespräch oft nicht viel nützlicher, als die Tochter einer Cousine des Großvaters aus Kapitel 3 anzuführen.

Der Grund ist ganz einfach: Laut dem Unesco-Science-Report 2021 gibt es auf der Welt 8,8 Millionen Wissenschaftlerinnen und Wissenschaftler. Unter ihnen findet sich für jede Position ein Fürsprecher – ausgerüstet mit Doktortitel und Lehrstuhl. Und dann wird die Diskussion bald zum Kinderstreit: »Mein Wissenschaftler ist besser als deine Wissenschaftlerin.« Der nächste Diskussionsbeitrag besteht nämlich oft darin, die Kompetenz des Forschers anzuzweifeln, den der Gesprächspartner vorgeschickt hat. Weil man aber als Laie inhaltlich nicht gegen den vorgeschobenen Besserwisser ankommt, mäkelt man, sein Fachgebiet passe nicht genau zur Fragestellung. Auch das klingt nach einer vielversprechenden Taktik – und auch sie ist zum Scheitern verurteilt.

Selbst unter Experten, die genau wissen, wovon sie sprechen, finden sich entgegengesetzte Meinungen. Einer der störrischsten Kritiker der erfolgreichen RNA-Impfung gegen Corona etwa ist Robert Malone, über den man viel Schlechtes sagen kann, bloß nicht, dass er nichts von der Impfung verstehe: Malone ist Molekularbiologe und hat Ende der 1980er Jahre die Grundlagen dafür geschaffen. Ist damit also jede Behauptung so gut wie ihr Gegenteil, solange sie aus dem Mund eines Experten kommt? Ist dies das Ende der Diskussion? Hier erliegen viele Leute einem grundsätzlichen Missverständnis über das Wesen der Wissenschaft. Sie glauben, Wissenschaft sei, was ein Wissenschaftler sagt. Und wenn Wissenschaftler unterschiedliche Dinge sagen, sucht man sich eben den passenden aus.

Als ich Weihnachten 2021 für die *Neue Zürcher Zeitung* eine »Anleitung für das rationale Tischgespräch« schrieb, die den Anstoß für dieses Buch gab, nannte ich die Homöopathie als Beispiel für ein Phänomen, das eigentlich besonders gute Beweise für ihre Wirksamkeit erbringen müsste, aber genau das Gegenteil tut. Kurze Zeit später erhielt ich mehrere Nachrichten aus der Leserschaft: Ich solle mich an diese erfahrene Ärztin oder an jenen renommierten Mediziner wenden, die mich sicherlich von der Homöopathie überzeugen würden.

Wissenschaft besteht aber nicht aus schlauen Sätzen, die aus dem Mund von Professoren purzeln. Wissenschaft ist die Methode, mit der man der Welt ihre Geheimnisse entreißt, das Verfahren, mit dem man aus Daten Erkenntnisse gewinnt. Der Kern der Wissenschaft liegt gerade darin, dass ihre Erkenntnisse weitgehend unabhängig von Menschen und Kulturen sind. Sie werden durch Beobachtungen und Experimente erhoben und können jederzeit durch neue Beobachtungen und Experimente revidiert werden. Wissenschaft ist der aktuelle Stand des Irrtums.

Leider hilft Ihnen das in Ihrem Streitgespräch wenig,

denn als Laie können Sie weder die nötigen Experimente selbst durchführen noch einer inhaltlichen Auseinandersetzung in Quantenphysik oder Immunologie folgen. Das Ziel dieses Buches ist ja gerade, fächerübergreifende Faustregeln aufzustellen, die Sie unabhängig von Detailwissen anwenden können. Die Grundfrage dabei heißt: Gibt es eine Regel, an die Sie sich halten können, wenn Sie wenig von einer Sache verstehen? Die naheliegende Antwort lautet: Halten Sie sich an den wissenschaftlichen Konsens. Aber ist die naheliegende Antwort auch die richtige?

Der wissenschaftliche Konsensus ist die Position, die eine Mehrheit von Wissenschaftlern in einem Gebiet vertreten. Sie wird weder offiziell erhoben, noch gibt es Vorschriften dafür, wie sie eruiert wird. Es ist einfach jene Meinung, die sich in Fachliteratur, Diskussionen und Stellungnahmen von Institutionen im Laufe der Zeit herausgeschält hat. Sich dieser Mehrheitsmeinung anzuschließen, klingt nach trägem Mitläufertum. Nichts, womit sich Lorbeeren verdienen ließen. Unsere Bewunderung verdienen jene, die sich herrschenden Vorlieben widersetzen. Wer zur Quelle will, muss gegen den Strom schwimmen, hat Hermann Hesse einmal gesagt. Die inoffizielle Begründung: Wer der Herde folgt, sieht nur Ärsche. Die Sympathien liegen bei den Nonkonformisten, bei den Unangepassten. Aus gutem Grund, denn erstens halten sich wissenschaftliche Erkenntnisse nicht an Mehrheitsentscheide, und zweitens gibt es viele Beispiele von verkannten Außenseitern, die am Schluss recht bekamen.

Beide Argumente stimmen, sind aber weit schwächer, als sie auf den ersten Blick erscheinen. Selbstverständlich dürfen Sie dem wissenschaftlichen Konsens kritisch gegenüberstehen. Doch sollten Sie dann plausibel erklären können, weshalb Sie als Laie eine andere Ansicht vertreten als die Mehrheit jener Menschen, die sich jahrelang mit einem Thema befasst haben. Sie müssen auf die spitze Frage gefasst sein: Warum zitierst du gerade Wissenschaftler A und nicht Wissenschaftler B, C oder D, die gegenteiliger Meinung sind? Wer darauf keine einleuchtende Antwort hat, wirkt wenig glaubwürdig.

Der Chefredakteur der Zürcher *Weltwoche*, Roger Köppel, findet, die Einnahme der Gegenposition zum Mainstream sei immer richtig: »Wenn alle auf den kleinen, dicken Außenseiter zeigen auf dem Pausenplatz, dann braucht der, der sich neben ihn stellt, etwas mehr Mut.« Tatsächlich wird die Frage, ob nicht alles auch anders sein könnte, zu selten gestellt. Andererseits schließen Menschen, die es trotzdem tun, daraus oft, dass tatsächlich alles anders *ist*. »Es ist das Merkmal eines gebildeten Verstandes, einen Gedanken zu hegen, ohne ihn für richtig zu halten«, soll Aristoteles gesagt haben. Die Gegenposition einzunehmen ist eine nützliche Übung, um Argumente besser zu verstehen. Sie reflexartig zu vertreten, bloß weil sie der Mehrheitsmeinung widerspricht, mag sich als politisches Manöver eignen, eine besondere intellektuelle Leistung ist es nicht. Außenseiterpositionen sind nicht die kleinen Dicken mit der Brille, die eine Sonderbehandlung brauchen. Menschen benötigen unser Mitgefühl, nicht ihre Überzeugungen.

Das zweite Argument für Außenseiterpositionen sind die verkannten Genies. Die gibt es tatsächlich. Alfred Wegeners Auffassung, dass die Kontinente wandern, wurde erst nach seinem Tod akzeptiert. Der Arzt Joseph Lister konnte sich mit seiner Erkenntnis, Hände zu desinfizieren verhindere Infektionen, im 19. Jahrhundert bei den Ärzten nur schwer Gehör verschaffen. Kürzlich machte Elon Musk in einem Tweet auf Lister aufmerksam, um dafür zu werben, »etablierte Weisheiten« infrage zu stellen. Wegener, Lister und wie sie alle heißen werden oft bemüht, um ausgefallenen aktuellen Ideen Gewicht zu verleihen: Achtung, wir übersehen gerade ein verkanntes Genie! Tatsächlich stellt sich nicht immer als richtig heraus, was die Mehrheit der Wissenschaftler für richtig hält. Doch die Treffsicherheit von einzelnen Querdenkern in der Forschung wird überschätzt, weil wir uns nur an die Genies unter ihnen erinnern, nicht aber an die Schwachköpfe. »Die Tatsache, dass einige Genies ausgelacht wurden, bedeutet nicht, dass alle, die ausgelacht werden, Genies sind«, schrieb Carl Sagan einmal.

Den meisten skurrilen Ideen aus der Vergangenheit wurde die Gnade des Vergessens zuteil. Hier einige, die überliefert sind:

- Ein gängiger Wiederbelebungsversuch bestand im 17. Jahrhundert darin, Patienten Tabakrauch in den Hintern zu blasen.
- In den 1920er Jahren transplantierte der Mediziner Serge Voronoff prominenten Männern in Scheiben geschnittene Affenhoden mit dem Ziel, ihre Körper zu verjüngen. Damit ihm der Nachschub nicht ausging, unterhielt er im französischen Menton ein eigenes Affenhaus.
- Kokain galt Ende des 19. Jahrhunderts als Mittel gegen Heuschnupfen.

- Um 1900 steckte man Rheumapatienten in Australien zwei Stunden in das verwesende Fleisch angeschwemmter Wale.
- 1923 wurde Rauchen als Mittel gegen Asthma beworben.

Und wenn Sie jetzt glauben, Sie hätten diese Irrwege damals erkannt, weil ihre Verfechter bestimmt halbseidene Quacksalber gewesen sein mussten, sei Ihnen diese Liste empfohlen:

- Der Physiker J. J. Thompson (1856–1940) war ein Verfechter der Existenz übersinnlicher und paranormaler Phänomene.
- Der französische Mediziner Charles Richet (1850–1935) glaubte an Geister.
- Der Chemiker Linus Pauling (1901–1994) war überzeugt davon, hoch dosiertes Vitamin C wirke gegen Schizophrenie und verlängere das Leben von Krebskranken.
- Der Biochemiker Kary Mullis (1944–2019) widersprach der akzeptierten und wissenschaftlich gesicherten Auffassung, dass das HI-Virus AIDS verursacht.

Diese vier Männer haben nicht nur gemeinsam, dass sie wirre Ideen vertraten, sondern auch, dass sie alle einen Nobelpreis gewonnen haben. Nobelpreisträger, die unhaltbare Theorien in die Welt setzten, gibt es so viele, dass das Phänomen einen eigenen Namen samt *Wikipedia*-Eintrag bekommen hat: Nobelitis.

»Ich habe immer geglaubt, dass man herausfinden kann,

was wahr ist, wenn man die klügsten Menschen aufsucht und herausfindet, was sie denken«, schrieb der Psychiater Randolph M. Nesse einmal, »doch der Glaube, dass kluge Leute recht haben, ist eine Illusion, die dadurch entsteht, dass kluge Leute sehr überzeugend sind – selbst wenn sie falschliegen.« Konkret bedeutet das: Wenn Sie sich entscheiden müssen, sind Sie als Laie bei der Mehrheitsmeinung bestens aufgehoben, selbst wenn ihr einzelne, manchmal auch renommierte Forscher widersprechen. Wenn Sie dem wissenschaftlichen Konsens vertrauen, sind Sie kein Schlafschaf, das blind der Herde folgt, sondern Sie werden ganz einfach in den meisten Fällen recht bekommen. In einigen werden Sie zwar falschliegen, aber da Sie keine Möglichkeit haben, im Voraus herauszufinden, welche das sein werden, kann Ihnen das egal sein. Allerdings gibt es keinen Grund, die Mehrheitsmeinung mit dem Furor eines Kenners zu vertreten, wenn Sie bloß aus Verlegenheit in Ihrem Lager gelandet sind. Während der Pandemie vertraten sowohl Maßnahmenbefürworter wie -gegner ihre Positionen mit einer Inbrunst, die in keinem Verhältnis zu ihrem Wissen stand. Warum das so war, erfahren Sie in Kapitel 10.

Ich gebe zu: Der Ratschlag, im Zweifelsfall mit der Mehrheit zu gehen, ist gleichzeitig der langweiligste und unpopulärste in diesem Buch; nicht nur weil kein Kind den Berufswunsch Mitläufer hegt, sondern auch, weil wenige anerkennen, von einer Sache nichts zu verstehen. Schauen Sie es von dieser Seite an: Randgruppenmeinungen sind oft attraktiv, weil sie interessant sind, nicht weil sie wahr sind.

Im nächsten Kapitel erfahren Sie endlich, mit welcher

Frage Sie Ihre Gesprächspartner in Verlegenheit bringen können. Das Schöne daran: Wissen brauchen Sie dazu keines.

Fazit

Der größte Teil des Wissens, das wir in eine Diskussion einbringen, haben wir weder selbst hergeleitet noch überprüft. Das bringt uns in die seltsame Situation, dass wir jedes Streitgespräch mit Information aus zweiter Hand führen. Das kann zum Problem werden, wenn wir uns nicht einigen können, was als etablierte Tatsache gilt. Der Wahlspruch »Vertrauen Sie der Wissenschaft« hilft nur wenig, weil wir als Laien die meisten Facharzikel nicht verstehen und auch nicht selbst Untersuchungen machen können. Anstelle der Wissenschaft vertrauen wir deshalb Wissenschaftlern. Davon gibt es aber so viele auf der Welt, dass sich zu jeder Meinung und ihrem Gegenteil ein Kronzeuge finden lässt.

Wer sich nur oberflächlich mit einem Thema auseinandergesetzt hat, sollte sich deshalb an den wissenschaftlichen Konsens halten. Das ist zwar ein unwissenschaftlicher Rat, weil sich Erkenntnisse nicht nach den Wünschen der Mehrheit richten. Aber statistisch gesehen erreicht man so die höchste Trefferquote, denn es gibt weitaus mehr Fälle, in denen sich der wissenschaftliche Konsens als richtig herausstellt, als einsame Verrückte, die in Wirklichkeit einsame Genies sind.

7. Der Porzellankrug, der um die Sonne kreist
Eine Meinung muss sich ändern können

Ich hätte Ihnen gerne gesagt, dass Sie jetzt beim wichtigsten Kapitel angelangt sind. Lange Zeit hielt ich es auch dafür. Doch dann zeigten meine Recherchen leider, dass es nur das zweitwichtigste ist. Das wichtigste folgt noch. Trotzdem wird Ihnen dieses Kapitel ein Werkzeug in die Hand geben, mit dem Sie die meisten Ihrer Gesprächspartner zuverlässig aus dem Tritt bringen können. Es ist eine einfache Frage, die erstaunlicherweise in Podiumsdiskussionen und in Talk-Shows kaum je gestellt wird. Sie lautet: Was würde Sie vom Gegenteil überzeugen? Wem darauf nicht schnell eine Antwort einfällt, hat ein Problem: Er hat eben zugegeben, dass sich jede weitere Diskussion erübrigt.

Um die Macht dieser Frage zu erkennen, muss man verstehen, was eine Meinung überhaupt ist. Obwohl sich dieses Buch vor allem um Meinungen dreht, habe ich mich bisher vor einer Definition gedrückt. Aus gutem Grund. Selbst Philosophen tun sich schwer damit, denn die Meinung lebt im Niemandsland zwischen Wissen und Glauben. Eine Möglichkeit, die drei Begriffe zu unterscheiden, ist diese:

Wissen ist eine Auffassung, von deren Wahrheit man subjektiv überzeugt ist und die sich objektiv begründen lässt.

Glaube ist eine Auffassung, die man subjektiv für wahr hält, aber objektiv nicht beweisen kann.

Die *Meinung* liegt dazwischen: eine Ansicht, die sich weder subjektiv noch objektiv eindeutig bestätigen lässt.

Doch weil wir uns oft nicht einig werden, was als objektiver Beweis gilt, zieht jeder die Grenzen anders. Was für die einen ein Glaube ist, ist für andere eine Meinung und für Dritte schon Wissen. »Jeder hat das Recht auf eine eigene Meinung, aber nicht auf eigene Fakten«, ist eine schöne Redewendung, doch wenn jemand seine Meinungen für Fakten hält und die Fakten der anderen für Meinungen, ist sie wertlos.

*

Meinungen teilen eine grundlegende Eigenschaft mit wissenschaftlichen Hypothesen: Sie müssen sich im Licht neuer Information verändern können. Darin liegt ihr Kern. Die Aussage, »Ich werde meine Meinung nie ändern«, ist deshalb paradox: Eine Meinung, von der man weiß, dass man sie nie ändern wird, ist gar keine Meinung, sondern ein Glaube. Trotzdem listet Google 106.000 Fundstellen auf zu »I will never change my mind«. Es ist erstaunlich, über welche Banalitäten die Leute ihre Meinung nie ändern wollen: über das angloamerikanische Maßsystem, über Pizza mit Ananas und darüber, dass manche Menschen es verdienen, von Hunden gebissen zu werden. Man kann sich ausmalen, wie zugänglich sie für Argumente sind, wenn es um bedeutendere Dinge geht.

Die Frage, »Was würde Sie vom Gegenteil überzeugen?«, ist so explosiv, weil sie eine vermeintlich flexible Meinung augenblicklich als starren Glauben entlarven kann. Wir stellen uns gerne als aufgeschlossene Gesprächspartner dar, die geradezu nach neuer Information lechzen, um unsere Meinung zu ändern. Doch wenn man uns danach fragt, welche Information das sein könnte, bleiben wir oft stumm. Ich gebe zu, dass ich in dieser Beziehung streng bin. Schließlich ist es möglich, dass man nicht vorhersehen kann, welche neue Information einen eines Besseren belehren würde. Trotzdem finde ich: Wer sich einbildet, seine Meinung sei aus der neutralen Bewertung von Informationen entstanden, muss auch wissen, welche Veränderung dieser Informationen zu einem Meinungswechsel führen würden.

Im Jahr 2014 führten der amerikanische Wissenschaftsjournalist Bill Nye und der bibeltreue Kreationist Ken Ham eine Fernsehdebatte über Darwins Evolutionstheorie. Beide wurden gefragt: »Was, wenn überhaupt etwas, könnte Ihre Meinung ändern?« Nye antwortete: »Wir bräuchten nur ein einziges Beweisstück […] Wir bräuchten den Beweis, dass sich das Universum nicht ausdehnt, wir bräuchten den Beweis, dass die Sterne weit weg zu sein scheinen, es aber nicht sind. Wir bräuchten Beweise dafür, dass sich Gesteinsschichten irgendwie in nur viertausend Jahren bilden können […] Kommen Sie mit irgendeinem dieser Dinge, und Sie würden mich sofort umstimmen.« Ham dagegen sagte: »Niemand wird mich jemals davon überzeugen, dass das

Wort Gottes nicht wahr ist.« Das war zumindest eine ehrliche Antwort.

Wer religiöse Menschen fragt, welche Fakten sie von ihrem Glauben abbringen würden, bekommt meistens die Antwort: keine. Das ist legitim, solange sie nicht behaupten, ihr Glaube sei Wissenschaft. Wenn allerdings Komplementärmedizinern, Impfgegnern und Klimaskeptikern nichts einfällt, was sie zu einem Meinungswandel bewegen könnte, erübrigt sich eine Diskussion. Dann sind ihre Beweggründe pseudoreligiös und ihre Haltung ist dogmatisch. Dasselbe gilt natürlich auch für Schulmediziner, Impfbefürworter und die Klimajugend. Wenn Sie selbst hin und wieder streitbare Überzeugungen vertreten, sollten Sie sich überlegen, welche Belege *Sie* vom Gegenteil überzeugen könnten. Diese Frage lässt viele Themen in neuem Licht erscheinen und lädt ein, mehr über sich und andere zu erfahren. Wenn Sie keine Antwort finden, ist es Zeit, über die Herkunft Ihrer Haltung nachzudenken.

In meinem Selbstversuch habe ich versucht festzulegen, welche Information mich von einer *meiner* heiklen Meinungen abbringen könnte.

Vor über zwanzig Jahren verbrachte ich zwei Semester als Knight Science Journalism Fellow am Massachusetts Institute of Technology in Cambridge und besuchte eine Psychologievorlesung bei Steven Pinker. Die Belege, die Pinker präsentierte, haben mich davon überzeugt, dass einige der großen durchschnittlichen Verhaltensunterschiede zwischen Männern und Frauen biologische Wurzeln haben. Dazu zählen zum Beispiel die höhere Gewaltbereitschaft von Männern, ihr größeres Verlangen nach Gelegenheitssex und ihre stärkere Reaktion auf visuelle erotische Reize. Das bedeutet nicht, dass diese Unterschiede nicht von Erziehung und Kultur beeinflusst würden, doch die Indizien, dass ihr Ursprung in der Evolution unseres Gehirns liegt, sind überwältigend. Sie kommen aus der Anatomie, der Biologie, der Anthropologie, der Geschichte und vielen andern Gebieten. Weil bei diesem Thema auch der Denkfehler im nächsten Kapitel oft begangen wird, folgt eine kurze Zusammenfassung der Belege und des evolutionären Mechanismus, der zu den Unterschieden führt.

Zunächst zur Gewalt: In jedem Land der Welt sind die Männer um Größenordnungen gewalttätiger als Frauen. Das war wahrscheinlich schon immer so. Jedenfalls war die Zahl der Gewaltopfer unter Jägern und Sammlern, die bis ins letzte Jahrhundert kaum mit der Zivilisation in Berührung gekommen waren, sehr hoch. Der Anteil der Tötungen in den von Männern geführten Kriegen in diesen traditionellen Gemeinschaften übersteigt jene in modernen Gesellschaften um ein Vielfaches. Aber auch in Industrienationen reagieren Männer aggressiver und geraten häufiger in Streit als Frauen. Weltweit machen Männer 95 Prozent der wegen Mordes verurteilten Personen aus. Zwar zeigt ein Ländervergleich die Macht von Kultur und Lebensumständen: In Jamaica wurde 2020 laut der Intentional-Homicide-Datenbank der Vereinten Nationen gemessen an der Bevölkerungszahl 180-mal häufiger gemordet als in Japan. Aber sowohl in Japan als auch in El Salvador bleiben die großen Unterschiede zwischen den Geschlechtern bestehen. Ein schlagendes Indiz dafür, dass dieser Unterschied teilweise biologischen Ursprungs sein muss, ist die Körpergröße. Es ist unmöglich, den Unterschied im Körperbau zwischen den Geschlechtern zu erklären, ohne anzunehmen, dass Kämpfen in der Evolutionsgeschichte des Mannes eine wichtige Rolle gespielt hat. Der kräftige Körper ist fleischgewordenes Verhalten.

Mein zweiter Punkt war der Gelegenheitssex. In einer Studie mit 16.288 Teilnehmerinnen und Teilnehmern aus 52 Nationen von Argentinien bis Simbabwe wünschten sich Männer im folgenden Monat durchschnittlich 1,87 Sexpartner, Frauen 0,87. In den nächsten zehn Jahren wollten Männer sechs verschiedene Frauen, Frauen aber nur zwei Männer. Aus anderer Perspektive sind die Unterschiede noch größer. In Südamerika wollten 35 Prozent der Männer im nächsten Monat mehr als einen Sexpartner, aber nur 6 Prozent der Frauen, in Japan waren es 18 Prozent der Männer und 2,6 Prozent der Frauen. Auf der Fremdgehseite Ashley Madison, die 2013 gehackt wurde, zeigte sich die Neigung besonders deutlich. Dort suchten 20 Millionen Männer nach einer Affäre mit bloß 1.492 registrierten Frauen – jede Frau hätte 13.404 Männer abbekommen. Um zu einem ausgeglicheneren Geschlechterverhältnis zu kommen, mussten die Angestellten 70.000 gefälschte Profile von Frauen anlegen. Der Geschlechtsunterschied im Sexualtrieb erweist sich in Ländern mit einem hohen Maß an Gleichberechtigung zwischen den Geschlechtern wie Schweden und Dänemark als ebenso groß wie in Ländern mit einem geringeren Maß an Gleichberechtigung wie der Türkei und Saudi-Arabien. Was geschieht, wenn männliches Verlangen ungebremst auf sich selbst trifft, zeigen Untersuchungen bei homosexuellen Männern. Ihre durchschnittliche Zahl von Sexualpartnern ist um ein Vielfaches höher als jene heterosexueller Männer. Bei den Frauen zeigt sich dieser Unterschied nicht.

Abschließend die Reaktion auf visuelle erotische Reize: Pornografie und Masturbation sind unter Männern viel verbreiteter als unter Frauen. Auch diese Ungleichheit ist unabhängig von der Kultur. Selbst in kapitalistischen Staaten, in denen sich die Bevölkerung Spaghetti aus der Dose und Nasenhaartrimmer aufschwatzen ließ, gelang es nie, den Frauen die Pornografie im großen Stil zu verkaufen. »Playgirl«, das zur Blütezeit des Feminismus gegründete Erotikmagazin für Frauen, wurde zu einem ansehnlichen Teil von homosexuellen Männern gekauft.

Die Evolutionspsychologie stellt diese systematischen Geschlechterunterschiede nicht nur fest, sie kann auch schlüssig erklären, wie sie zustande kommen: Sie sind eine direkte Folge der biologischen Asymmetrie zwischen Mann und Frau bei der Fortpflanzung. Die Evolutionspsychologie geht davon aus, dass unsere Gefühle und unser Verlangen Resultate der Evolution während unserer Stammesgeschichte sind, die wir größtenteils in einer Welt ohne Kinderkrippen, Verhütungsmittel und Pornografie verbrachten. Sex bedeutete damals immer die Möglichkeit, Kinder zu zeugen, und nackte Menschen gab es nur zu sehen, wenn sie vor einem standen. Nach der kalten Logik der Evolution setzten sich in einer Population jene vererbbaren Eigenschaften durch, die zu mehr Nachkommen führten. Das ist die einzige Währung der Evolution: mehr überlebensfähiger Nachwuchs, der seine Eigenschaften wiederum an die nächste Generation weitergibt. Die Tragik der Geschlechter liegt nun darin, dass das Verhalten, das einem Mann die meisten Nachkommen verschaffte, nicht dasselbe war, das einer Frau viele Kinder bescherte. Der Grund dafür liegt in der unterschiedlichen biologischen Investition der Geschlechter in den Nachwuchs. Für den Mann sind es im Extremfall fünf Minuten Sex und ein Kaffeelöffel Sperma aus einem unerschöpflichen Vorrat. Für die Frau hingegen ein kostbares Ei, neun Monate Schwangerschaft, eine gefährliche Geburt und schließlich ein Säugling, der über mehrere Jahre gestillt werden musste. Die Gene der Frauen gelangten in die nächste Generation, wenn sie ihre Sexualpartner sorgfältig auswählten, denn die Überlebenschancen ihrer Kinder stiegen, wenn der Vater nach der Zeugung nicht verschwand, sondern die Familie versorgte. Auch für Männer lohnte sich aus evolutionärer Sicht dieses Modell, doch weil sie nach der Zeugung kein Kind austragen mussten, konnten sie durch zusätzlichen Sex mit anderen Frauen die Anzahl ihrer Kinder erhöhen. Das führte direkt oder indirekt zu den drei oben genannten Unterschieden. Mich überzeugen sowohl die statistischen Daten wie auch die evolutionäre Erklärung. Meine Meinung zu diesem Thema ist – vorsichtig ausgedrückt – gefestigt.

Weil ich mir aber nicht vorwerfen lassen will, einer Ideologie nachzuhängen, muss ich nun wie Bill Nye eine erfüllbare Bedingung formulieren, die mich umstimmen könnte. Ich habe nachgedacht und bin auf Folgendes gekommen: Ich würde meine Meinung in dieser Sache ändern, wenn mein Gesprächspartner von einer Gesellschaft irgendwo auf der Welt wüsste, in der die Frauen im Durchschnitt gewalttätiger sind als die Männer, in der die Frauen im Durchschnitt das größere Verlangen nach unverbindlichem Sex haben oder in der die Frauen im Durchschnitt mehr Pornografie konsumieren als die Männer. Gleich viel ginge auch. Wenn Sie einen solchen Ort kennen, lassen Sie es mich wissen.

*

Es war der Wissenschaftsphilosoph Karl Popper, der in den 1930er Jahren auf den Grundsatz stieß, der in der Frage »Was würde Sie vom Gegenteil überzeugen?« steckt. Er suchte nach einer Möglichkeit, Pseudowissenschaften wie die Psychoanalyse oder den Marxismus von der Wissenschaft abzugrenzen. Dabei stieß er auf das Kriterium der Falsifizierbarkeit. »Eine Theorie, die durch kein denkbares Ereignis widerlegbar ist, ist unwissenschaftlich«, schrieb er schließlich. »Die Unwiderlegbarkeit ist keine Tugend einer Theorie (wie oft angenommen wird), sondern ein Laster.« Dasselbe gilt für Meinungen.

Poppers Erkenntnis hat eine bemerkenswerte Konsequenz. Wissenschaftliche Theorien lassen sich zwar widerlegen, aber niemals bestätigen. Das mag Laien überraschen, aber es ist einfach einzusehen. Die Theorie, dass alle Schwäne weiß sind, bewährt sich zwar mit jeder Sichtung eines weißen Schwans. Zweifelsfrei belegt ist sie aber auch beim hunderttausendsten weißen Schwan nicht, denn der hunderteintausendste könnte ja ein schwarzer Schwan sein. Ein einziger schwarzer Schwan reicht, um die Theorie zu Fall zu bringen.

Zu beweisen, dass es etwas nicht gibt, ist aus logischen Gründen unmöglich. »You can't prove a negative«, sagen die Wissenschaftler. Politiker, die verlangen, eine neue Technik dürfe erst eingesetzt werden, wenn sie zu hundert Prozent sicher sei, sollten einen Kurs in Logik besuchen, denn sie werden ewig warten – was manche vielleicht tatsächlich möchten. Die Feststellung, »Risiken können nicht ausgeschlossen werden.«, ist verschwendete Druckerschwärze: Risiken können *nie* ausgeschlossen werden!

Dass sich das Nichtvorhandensein von etwas nicht beweisen lässt, bedeutet auch, dass der Atheismus streng genommen eine unwissenschaftliche Position ist: Es ist unmöglich zu zeigen, dass es Gott nicht gibt. Allerdings dürfte die Freude darüber bei Gläubigen nur kurz währen. Denn der Grundsatz gilt natürlich auch für jeden anderen Umstand. »Niemand kann beweisen, dass sich zwischen der Erde und dem Mars nicht ein Teekrug befindet, der sich auf einer elliptischen Umlaufbahn bewegt«, hat der Philosoph und Mathematiker Bertrand Russell einmal geschrieben, »aber niemand hält dies für wahrscheinlich genug, um es im wirklichen Leben zu berücksichtigen. Ich halte den christlichen Gott für genauso unwahrscheinlich.«

Auf dieser Grundlage machen sich Atheisten einen Spaß daraus, Religionsparodien ins Leben zu rufen. Die bekannteste, »Die Kirche des fliegenden Spaghettimonsters«, wurde 2005 im amerikanischen Bundesstaat Kansas gegründet. Seither kämpft die Kirche weltweit vor Gerichten für die offizielle Anerkennung als Religionsgemeinschaft. Die Begründung: Die Existenz des fliegenden Spaghettimonsters sei ebenso wenig widerlegbar wie die Existenz anderer Götter, deren Religionsgemeinschaften staatliche Privilegien genießen. Die Kirche des fliegenden Spaghettimonsters hat ein Preisgeld von 250.000 Dollar ausgesetzt für den empirischen Beweis, »dass Jesus nicht der Sohn des fliegenden Spaghettimonsters ist«.

Die Tatsache, dass sich die Nichtexistenz einer Sache nicht beweisen lässt, ist der Treibstoff einer bestimmten Sorte mühsamer Gesprächspartner. Sie stellen eine abseitige Behauptung nach der anderen auf, jeweils mit dem Nachsatz: »Beweise mir, dass es nicht so ist!« Wer nicht aufpasst, verbringt unversehens einen Abend damit, bizarre Hirngespinste zu widerlegen. Für solche Fälle hat der britisch-amerikanische Intellektuelle Christopher Hitchens die Faustregel aufgestellt: »Was ohne Beweise behauptet wird, kann ohne Beweise verworfen werden.«

Wer behauptet, Bill Gates habe den Corona-Impfstoff mit elektronischen Chips versehen, müsste mindestens einen solchen Chip aus der Blutbahn fischen. Wer behauptet, das World Trade Center sei beim Terroranschlag von 2001 in Tat und Wahrheit von der amerikanischen Regierung gesprengt worden, müsste nach zwanzig Jahren mindestens einen Zeugen dieser monumentalen Aktion gefunden haben. Schließlich hätten Dutzende, wenn nicht Hunderte von Leuten daran beteiligt gewesen sein müssen. Bleiben solche Belege aus, können Sie es sich sparen, überhaupt dazu Stellung zu nehmen. Außerordentliche Behauptungen erfordern nicht nur außerordentliche Beweise, wie Sie aus Kapitel 2 wissen; wer sie in die Welt setzt, trägt auch die Beweislast.

Im nächsten Kapitel geht es um einen der häufigsten Denkfehler überhaupt. Gut möglich, dass Sie ihn eben selbst begangen haben.

Fazit

Um herauszufinden, ob sich eine Diskussion lohnt, eignet sich die Frage: Was müsste passieren, damit jemand seine Meinung ändert? Wenn ein Gesprächspartner keine Antwort darauf weiß, gibt es offenbar keine Möglichkeit, ihn zu überzeugen.

Das Prinzip der Falsifizierbarkeit teilt die Meinung mit der wissenschaftlichen Hypothese. So wie sich Meinungen im Licht neuer Fakten ändern sollten, müssen wissenschaftliche Theorien grundsätzlich widerlegbar sein.

Auch Ihre eigenen Überzeugungen sollten Sie unter dem Aspekt beurteilen, welche neuen Informationen sie zu Fall bringen könnten. Wenn Ihnen nichts in den Sinn kommt, müssen Sie sich von der Illusion verabschieden, ein offener Gesprächspartner zu sein.

8. Was nicht sein darf, kann eben doch sein
Der naturalistische Fehlschluss

Was haben Sie gedacht, als Sie im vorangegangenen Kapitel von meiner Überzeugung lasen, der Unterschied in der Gewaltbereitschaft zwischen Männern und Frauen habe biologische Wurzeln? Haben Sie leer geschluckt? Beschlich Sie das ungute Gefühl, diese Ansicht sei eine Rechtfertigung für prügelnde Männer? Nach dem Motto: Er kann nichts dafür, seine Gene sind schuld? Wenn ja: herzliche Gratulation! Sie haben eben den Denkfehler begangen, um den sich dieses Kapitel dreht: den naturalistischen Fehlschluss. Die Auffassung, was immer die Natur hervorbringt, sei moralisch richtig, ist auch als der Sein-Sollen-Fehlschluss bekannt: Der Irrtum, dass aus Fakten Werte folgen. Er zeigt sich in diesen Beispielen:

Der Mensch hat in seiner Stammesgeschichte immer Fleisch gegessen. Deshalb ist es heute moralisch unbedenklich, Fleisch zu essen.

Gewisse Menschen sind anderen körperlich überlegen. Deshalb dürfen diese auch Macht über die andern ausüben (das Recht des Stärkeren).

Stillen ist der natürliche Prozess, Säuglinge zu füttern. Deshalb sollten Frauen ihre Kinder stillen und nicht Milchpulver verwenden.

*

Der naturalistische Fehlschluss entstammt der Frage, woher wir unsere Werte beziehen. Lange Zeit galt unser moralischer Kompass als Werk Gottes, den die Kirchen überwachten und justierten. Doch mit der Publikation von *The Descent of Man* im Jahr 1871 legte Charles Darwin die Möglichkeit nahe, dass unser Gefühl für Richtig und Falsch nicht gottgegeben war. Vielmehr schien es eine willkürliche Folge unserer evolutionären Vergangenheit zu sein. Darwin trompetete nicht in die Welt hinaus, was das bedeuten könnte. Doch wer sein Buch las, kam selber darauf. Die *Edinburgh Review* stellte damals fest, dass die Motive, mit denen die Menschen versuchten, ein edles und tugendhaftes Leben zu führen, auf einem Irrtum beruhten. Unser moralischer Sinn sei bloß ein Instinkt. »Wenn diese Ansichten wahr sind, steht eine Revolution im Denken bevor, die die Gesellschaft in ihren Grundfesten erschüttern wird, indem sie die Heiligkeit des Gewissens und des religiösen Sinns zerstört.«

Auf der Suche nach einer neuen moralischen Richtschnur landeten einflussreiche Gelehrte bei der Evolution selbst: Was, wenn nicht der Prozess, der uns geschaffen hat, könnte den Menschen verraten, was richtig und was falsch sei? Die Kurzform davon lautete: Was in der Natur geschieht, ist richtig. So wie die Welt ist, so soll sie auch sein. Darauf berief sich schon bald die Ideologie des Sozialdarwinismus: Das Elend der Arbeiter, der Hunger der Bauern, die Unterdrückung der Schwachen seien Teil der evolutionären Mechanik, die letztlich zu einem bequemeren Leben und mehr Sicherheit für unsere Nachkommen führe. Ein notwendiges Übel. Der Sozialdarwinismus spielte Rassisten und Faschisten in die Hände, indem er herrschende Machtstrukturen als von der Natur gewollt und deshalb moralisch richtig rechtfertigte.

1903 gab der Philosoph George Edward Moore der Auffassung, aus der Evolution oder überhaupt aus irgendeinem Aspekt der Natur Werte ableiten zu können, den Namen »naturalistischer Fehlschluss«. Damit hätte die Angelegenheit erledigt sein können. Schließlich gab es genügend Beispiele für den Widersinn, moralisches Handeln in der Natur abzuschauen: Schreckliche Dinge wie Pocken, Naturkatastrophen und Unterernährung sind Teil der Natur, nützliche wie Impfungen, Kühlschränke und Toiletten mit Wasserspülung hingegen kommen in ihr nicht vor. Zudem gibt es keinen Grund, weshalb unsere moralischen Werte konsistent sein sollten mit den Verhaltensweisen, die die Evolution hervorbrachte. Doch leider behielt die Natur als Vorbild für unser Handeln ihre Anziehungskraft. Der Sozialdarwinismus war ein Grundmotiv des Nationalsozialismus. Und auch gegen die Gleichberechtigung der Frau wurde mit Argumenten aus der Biologie gekämpft. Frauen zeigten »ein stärker als beim Mann von Gefühl und Gemüt geprägtes Verhalten«, wurde den Schweizer Männern beim Volksentscheid ums Frauenstimmrecht noch 1971 als Information auf den Weg zur Urne gegeben.

Ein Lehrbeispiel, in welche Sackgasse der naturalistische Fehlschluss bis heute führt, betrifft die Homosexualität. Homosexuelle Beziehungen wurden lange Zeit mit dem

Verweis auf ihre Unnatürlichkeit verboten. In Österreich erfüllten sie den Tatbestand der »Unzucht wider die Natur«, in Indien verstießen sie »gegen die natürliche Ordnung«. In den USA stand noch 2007 ein Arzt zur Wahl für den Posten des Surgeon General, des höchsten Sanitätsinspektors der USA, der Homosexualität für »unnatürlich und ungesund« hielt. Eine weitverbreitete und auf den ersten Blick vernünftige Reaktion auf diese Diskriminierungen bestand darin, konservativen Tugendhütern den aktuellen Forschungsstand der Zoologie zu präsentieren: Entgegen gängiger Meinung ist gleichgeschlechtliches Verhalten in der Tierwelt nämlich verbreitet. Von der Bettwanze bis zum Amazonasdelfin sind schon unzählige Arten bei homosexuellen Geschlechtsakten beobachtet worden. Homosexualität bei Tieren wurde zum beliebten Thema von Zeitungsartikeln, Dokumentarfilmen und Ausstellungen. Die Botschaft: Homosexualität ist gar nicht unnatürlich. Das klingt sympathisch und tolerant, doch steckt darin derselbe naturalistische Fehlschluss, der Homosexuellen früher das Leben schwer gemacht hat. Damals hieß es, Homosexualität sei schlecht, weil sie in der Natur fehle, heute heißt es, Homosexualität ist gut, weil sie in der Natur vorkommt. Wie gefährlich diese Rechtfertigung ist, veranschaulicht eine einfache Frage: Wie würde man argumentieren, wenn es keine homosexuellen Tiere gäbe?

Die Diskriminierung von homosexuellen Menschen ist in einer liberalen demokratischen Gesellschaft unzulässig, weil sie die Freiheit und Gleichheit des Individuums vor dem Gesetz unterminiert und nicht, weil es einen schwulen Löwen gibt und einen lesbischen Kanarienvogel. Wer seine moralischen Werte an biologische Erkenntnisse bindet, macht sich zur Geisel dieser Erkenntnisse: Falls sie sich ändern, sind wir gezwungen, unsere Werte anzupassen. Wenn wir das nicht wollen, bleibt als einziger Ausweg, die neuen Erkenntnisse zu leugnen. Auf diese Weise führt der naturalistische Fehlschluss zum moralistischen Fehlschluss: Es kann nicht sein, was nicht sein darf. Dabei geben unsere persönlichen ethischen Werte vor, was wir überhaupt über den Gang der Dinge herausfinden dürfen. Der moralistische Fehlschluss taucht auf, wenn wir uns die Welt schönreden, indem wir unangenehme Forschungsresultate, wie zum Beispiel die Gewaltneigung der Männer, ignorieren. Auf diese Weise führt er direkt zu Denkverboten, Zensur und schlechter Wissenschaft.

»Wir machen uns die Welt, wie sie uns gefällt«, ist ein wunderbares Motto für ein Kinderlied. Doch wenn es darum geht, Probleme zu lösen, hat die Pippi-Langstrumpf-Sicht der Welt einen offensichtlichen Haken: Sie geht von einer Welt aus, wie wir sie uns wünschen, nicht von der Welt, wie sie ist. Der moralistische Fehlschluss ist ein derart offensichtlicher Irrtum, dass es erstaunt, wie verbreitet er heute noch ist. In Zeitungsinterviews über Geschlechterunterschiede etwa dürfen sich die Befragten unwidersprochen seitenlang über mögliche soziale Einflüsse auslassen, ohne die Möglichkeit biologischer Gründe überhaupt zu erwähnen.

Wenn wir Spock wären, der emotionslose Vulkanier in der Fernsehserie *Raumschiff Enterprise*, könnten wir die Tatsachen aus der Biologie nüchtern zur Kenntnis nehmen. Aber wir sind Menschen. Wir wissen: Die Frage, wie sehr uns die Umwelt prägt und wie sehr unser Erbgut, hat eine lange Geschichte voller Gewalt und Unterdrückung, begleitet von Rassismus und Sexismus. Dabei haben die Fakten ihre Unschuld verloren und sich in unseren Köpfen untrennbar mit Werten verschmolzen. Das ist der Grund dafür, dass zuweilen schon das bloße Benennen einfach überprüfbarer Tatsachen wütende Reaktionen hervorruft.

Der Versuch, ein Phänomen zu erklären, bedeutet aber weder, es gutzuheißen noch zu rechtfertigen. Dass alles, was geschieht, eine Ursache hat, ist eine grundlegende Eigenschaft des Universums. Wer Probleme lösen will, muss auch Ursachen in Erwägung ziehen, die nicht in sein Weltbild passen, denn *Wissenschaft ist das, was auch dann gilt, wenn man nicht dran glaubt.* So heißt ein Buchtitel der Science Busters, einer österreichischen Comedy-Gruppe. »Nur die Dinge, die wir erkennen, analysieren und verstehen, können wir auch wirksam verändern«, sagt die Verhaltensbiologin Elisabeth Oberzaucher von den Science Busters. »Unerwünschtes unter den Teppich zu kehren hilft nur, den Status quo zu erhalten.«

Nicht die Beschreibung von biologischen Geschlechterunterschieden ist sexistisch, sondern die Schlüsse, die man daraus zieht. Der Evolutionsbiologe David Buss vergleicht das Studium der Faktoren, die zu sexueller Nötigung beitragen, mit der Krebsforschung. Etwas zu untersuchen bedeute nicht, dass der Untersuchungsgegenstand eine gute Sache sei. »Die Evolution ist von Natur aus amoralisch und gleichgültig gegenüber dem Leiden, das sie verursacht, sie hat einige unangenehme menschliche Anpassungen hervorgebracht.«

Auf einer Party geriet ich einmal in eine Diskussion über Geschlechterunterschiede. Nachdem wir uns in eine Sackgasse diskutiert hatten, fragte ich meinen Gesprächspartner, wieso es für ihn so schlimm wäre, wenn es biologisch beeinflusste Verhaltensunterschiede zwischen Männern und Frauen gäbe. Seine Antwort: Weil diese Erkenntnis die Diskriminierung von Frauen befördern könnte. Mit anderen Worten, weil nicht sein kann, was nicht sein darf. Doch die Geschlechter sind nicht gleichberechtigt, weil sie die gleichen Neigungen haben, sondern weil »alle Menschen [...] frei und gleich an Würde und Rechten geboren« sind, wie es in der allgemeinen Erklärung der Menschenrechte heißt.

Die Kontroverse um angeborene Geschlechterunterschiede ist nur ein Bereich, in dem der naturalistische Fehlschluss verbreitet ist. Er taucht auch oft auf, wenn es um die Natur des Menschen überhaupt geht. Im Film *The African Queen* versucht Humphrey Bogart, seinen Rum-Konsum mit den Worten zu rechtfertigen: »Der Mensch nimmt hin und wieder einen Tropfen zu viel, das ist einfach die menschliche Natur.« Worauf Katherine Hepburn entgegnet: »Die Natur, Mr. Ornat, ist das, wozu wir in diese Welt gesetzt wurden, es zu überwinden!«

*

Während der Corona-Pandemie hatte der naturalistische Fehlschluss fatale Folgen. Viele Leute aus dem Bereich der Alternativmedizin und der Esoterik lehnten eine Impfung ab, weil sie »nicht natürlich« sei. Die Natur habe ihnen ein Immunsystem gegeben, das besser mit der Krankheit fertigwerde. Hier führte der naturalistische Fehlschluss dazu, dass diese Leute das Risiko vorzogen, sich mit einer noch weitgehend unbekannten »natürlichen« Krankheit anzustecken, anstatt sich mit einem getesteten »künstlichen« Vakzin zu impfen. Ein ansehnlicher Anteil der Covid-Infizierten leidet später an Long-Covid – chronischen Folgen der Krankheit wie anhaltender Müdigkeit, Kopfschmerzen und Konzentrationsstörungen, die es schwierig machen, zu arbeiten. »Ist das ›natürlich‹?« fragte ein Kommentator im amerikanischen Newsmagazin *The Week*, »in gewissem Sinne ja: Im Laufe der Menschheitsgeschichte starben die meisten Menschen jung, oft an viralen und bakteriellen Infektionen.« Ob das die erhoffte »Güte« der Natur ist?

Der Grundsatz im nächsten Kapitel weicht von den bisherigen ab, denn er dreht sich nicht um den Inhalt Ihrer Ansichten, sondern um die Folgen.

Fazit

Der naturalistische Fehlschluss ist die Erwartung, aus der Natur ableiten zu können, was richtig und was falsch sei. Moralische Urteile von biologischen Fakten abhängig zu machen, ist jedoch gefährlich, da sich die Fakten nicht ändern dürfen, wenn man bei seinen Wertehaltungen bleiben will. Auf diese Weise zwingt man sich selbst Denkverbote auf.

In Gesprächen führt der naturalistische Fehlschluss häufig zum moralistischen Fehlschluss: »Was nicht sein darf, kann nicht sein.« Wenn gewisse Fakten sehr eng an Werte gebunden sind, ist es oft nicht möglich, sie zu nennen, ohne den Gesprächspartner zu provozieren – oder sich selbst zu ärgern.

9. Besser zehn Schuldige in Freiheit als einen Unschuldigen hinter Gittern
Was wäre, wenn ich nicht recht hätte?

Unter dem Titel »Ungerechtfertigte Hinrichtung« führt die Internetenzyklopädie *Wikipedia* eine niederschmetternde Liste mit zwei Dutzend Personen aus aller Welt, deren Todesurteile sich als Irrtum erwiesen. Teng Xingshan wurde 1989 in China für die Vergewaltigung und Ermordung einer Frau hingerichtet, die vier Jahre später unversehrt wieder auftauchte. Der Brite George Kelly endete 1950 am Galgen für einen Mord, den ein anderer Mann schon gestanden hatte. Der ebenfalls als Mörder verurteilte Texaner Johnny Garrett starb 1992 durch die Giftspritze. Der wahre Täter wurde zwölf Jahre später durch eine DNA-Analyse identifiziert.

Es gibt verschiedene Möglichkeiten zu beschreiben, wie es zu diesen Urteilen kommen konnte. Dazu gehören irreführende Zeugenaussagen, schlampige Polizeiarbeit und selbstherrliche Richter. Doch letztlich sind diese Männer alle an derselben Ursache gestorben: an einer falschen Meinung. Dem würden viele Juristen zwar widersprechen. Sie wollen ihre Urteilsbegründungen nicht als profane Meinungen sehen, aber vieles deutet darauf hin, dass sie genau das sind. Wenn es keine hieb- und stichfesten Beweise und kein Geständnis gibt, ist ein Gerichtsurteil eine Entscheidung, die auf einer Meinung beruht. Richter oder Geschworene halten anhand von Indizien einen Tathergang für wahr, den sie weder subjektiv noch objektiv eindeutig bestätigen können. Das ist die Definition einer Meinung aus Kapitel 7. In den USA wird für Urteilsbegründung und Meinung sogar das gleiche Wort benutzt: *opinion*. Und im Deutschen ist Urteil ein Synonym für Meinung.

Justizirrtümer zeigen drastisch: Je gravierender die Folgen von Meinungen, desto fundierter sollten die Begründungen sein. Das manifestiert sich in der Rechtslehre im Unterschied zwischen Strafrecht und Privatrecht. Mit dem Strafrecht verfolgt der Staat schwerwiegende Verbrechen und Straftaten wie zum Beispiel Mord, Diebstahl oder Körperverletzung. Es schützt elementare Rechtsgüter wie das Leben, die körperliche Unversehrtheit oder das Eigentum. Im Privatrecht geht es hingegen um die Regelung von Streitigkeiten zwischen Privatpersonen beispielsweise im Zusammenhang mit Verträgen oder Eigentum. Diese Beschreibung ist extrem verkürzt, aber hier geht es um etwas anderes: den Unterschied zwischen den Sanktionen im Strafrecht und im Privatrecht. Das Strafrecht kann einen für Jahre hinter Schloss und Riegel oder in die Todeszelle bringen. Das Privatrecht hingegen kennt vor allem mildere Maßnahmen wie zum Beispiel Schadenersatzansprüche und Entschädigungen.

Deshalb sind die Anforderungen an die Beweise im Strafrecht in der Regel höher als im Privatrecht. Das amerikanische Strafrecht etwa fordert explizit, dass die Schuld »über jeden vernünftigen Zweifel hinaus« belegt sein muss, im Privatrecht reichen dagegen »überwiegende Beweise«, die Wahrscheinlichkeit einer Schuld muss also bloß bei »fünfzig Prozent und einer Feder« liegen, wie die Anwälte sagen. Damit lassen sich zum Beispiel die für Laien unverständlichen Urteile im Fall von O. J. Simpson erklären. Dieser ehemalige amerikanische Footballstar und Schauspieler stand im Verdacht, im Juni 1994 seine Ex-Frau und einen ihrer Freunde umgebracht zu haben. Er wurde 1995 in einem spektakulären Strafprozess freigesprochen, aber 1997 in einem Zivilprozess zu einer Zahlung von 33,5 Millionen Dollar Schadenersatz für die Hinterbliebenen verurteilt. Offenbar war seine Schuld nicht über jeden vernünftigen Zweifel hinaus erwiesen, aber doch zu mehr als fünfzig Prozent.

*

Auch im Alltag bestimmt der Ernst der Konsequenzen die Gewissheit, die wir fordern. Wir würden ein Kind niemals allein ins tiefe Wasser lassen, wenn wir nur ziemlich sicher wären, dass es schwimmen kann. In diesem Fall sind die fatalen Folgen eines Fehlentscheids offensichtlich, und es ist klar, wo die Verantwortung liegt. In einer Diskussion scheint das anders zu sein. Auf den ersten Blick kommt niemand direkt zu Schaden, wenn Sie eine Meinung vertreten, die gravierende Folgen hätte, wenn man danach handeln würde. Aber stimmt das wirklich? Sicher, Sie sind nicht Cäsar, und Ihr Wort ist nicht Gesetz. Aber auch Ihre Ansichten sind Puzzlesteine der öffentlichen Meinung. Sie für bedeutungslos zu halten, ist so unsinnig, wie bei Wahlen Ihre Stimme gering zu schätzen, bloß weil Millionen von anderen auch wählen dürfen. Zudem haben das Internet und vor allem die sozialen Medien die Macht zugunsten von Einzelpersonen verschoben. Jeder Tweet, jedes Like, jeder Instagram-Post hat heute das Potenzial, im Meinungslotto gezogen zu werden. Deshalb sollten Sie die Frage, was wäre, wenn Sie nicht recht hätten, ernst nehmen. Es ist billig, die Folgen Ihrer Meinungen zu ignorieren, bloß weil Sie nicht für die Entscheidungen geradestehen müssen, die sich aus ihnen ergeben. Als Journalist ist die Versuchung besonders groß, die Verantwortung seiner Meinungen kleinzureden (ich darf das schreiben, ich bin selber einer). Auf dem Drehstuhl mit Lumbalstütze im warmen Büro wollen die möglichen Konsequenzen des eigenen Geschreibsels oft nicht so richtig zutage treten.

Ein aufschlussreiches Beispiel dazu war die Frage der Masken während der Corona-Pandemie. Unabhängig von der Aussagekraft wissenschaftlicher Studien teilen sich die Menschen bis heute in zwei Lager: Im einen ist man überzeugt, dass Masken die Übertragung des Virus signifikant senken, im anderen zweifelt man an ihrem Nutzen. Um herauszufinden, welches Maß an Belegen diese Meinungen erfordern, müssen beide Seiten den Schaden schätzen, der entsteht, wenn sie unrecht haben. Beginnen wir mit den Maskenbefürwortern: Wenn sie sich irren, besteht der Schaden darin, dass wir in unserer Freiheit eingeschränkt worden sind und unnötig viel Geld für Beschaffung und Entsorgung von Millionen von Hygienemasken ausgegeben haben. Wenn sich hingegen die Maskengegner irren, stecken sich tatsächlich mehr Menschen an, von denen ein gewisser Anteil bleibende Schäden davonträgt oder stirbt.

Die Sache ist klar. Es ist wie beim Unterschied von Strafrecht und Privatrecht. Die Maskengegner müssen bessere Belege für ihre Haltung vorlegen als die Maskenbefürworter, denn wenn sie falschliegen, kostet es Menschenleben. Wie viel größer ihre Gewissheit sein muss, ist hingegen weniger klar. Wir geben uns gerne der Illusion hin, jedes Menschenleben sei unendlich viel wert. Doch wenn dem so wäre, müssten wir ungeachtet von Belegen seit Jahrzehnten ständig Masken tragen. Wir dürften auch nicht mehr Auto fahren, wandern oder Treppen steigen. Wir tun es dennoch, weil solche Restriktionen einschränken, was viele für das höchste Gut überhaupt halten: die Freiheit. Wie viel Freiheit wir gegen mehr Sicherheit tauschen wollen, ist eine Frage unserer Weltsicht und unserer Werte, aber auch unserer persönlichen Lebenssituation.

In der Justiz ist die Frage, wie gut die Belege für eine Verurteilung sein müssen, besonders delikat, weil die Folgen für Einzelne gleichzeitig einfach zu erkennen und äußerst dramatisch sind. Aber auch die Wendung »über jeden vernünftigen Zweifel hinaus« im Strafrecht legt nicht genau fest, wo die akzeptable Grenze für Justizirrtümer liegt. Sicher ist nur, dass sie sich nie ganz verhindern lassen, denn kein System ist perfekt. Die Blackstone-Regel aus dem 18. Jahrhundert, benannt nach dem englischen Juristen William Blackstone, besagt: »Es ist besser, es entkommen zehn Schuldige, als dass ein Unschuldiger leidet.« Die »vernünftigen Zweifel« dürften also stolze zehn Prozent ausmachen. Andere Gelehrte setzten das Verhältnis bei 1 zu 5, 1 zu 20 oder 1 zu 1.000 an. Wieder ist es eine Frage der Werte, welche Quote uns vertretbar scheint. In einem liberalen Rechtsstaat wird der Schutz von Unschuldigen höher gewertet als die lückenlose Bestrafung aller Schuldigen. An anderen Orten und zu anderen Zeiten war es gerade umgekehrt. Im kommunistischen Vietnam galt in den 1950er Jahren: »Lieber zehn Unschuldige töten als einen Schuldigen entkommen lassen.« In den USA waren im Jahr 2015 52 Prozent der Unterstützer von Donald Trump der Meinung, dass 20.000 Schuldige in Freiheit schlimmer seien als 20.000 Unschuldige im Gefängnis.

Oft hängt die Einstellung zu dieser Frage davon ab, wie sehr jemand von einem Thema betroffen ist. In einer Twitter-Diskussion über sexuelle Übergriffe schrieb eine Benutzerin: »Die Tatsache, dass die Leute bereit sind, 99 Vergewaltiger ungestraft davonkommen zu lassen, weil 1 von 100 fälschlicherweise beschuldigt werden könnte, ist einfach… igitt.« Das scheint zunächst eine annehmbare Position zu sein – bis man das Gleiche aus einer anderen Perspektive anschaut: Die Frau auf Twitter findet, es sei verabscheuungswürdig, wenn man nicht bereit ist, mindestens einen Unschuldigen zu opfern, um 99 Schuldige zu fassen.

Im Nachgang dramatischer Verbrechen oder nach der Aufdeckung stoßender Missstände wird oft gefordert, die Beweislast für eine Verurteilung zu senken. Dieser Reflex ist in allen politischen Lagern verbreitet, und ich bin sicher, Sie haben ihn auch schon gehabt. Was dabei verschwiegen wird: Eine Verringerung der Beweislast bedeutet immer auch mehr unschuldig Verurteilte. Das ist nicht bloß eine theoretische Möglichkeit, sondern eine mathematische Gewissheit, der niemand entrinnen kann. Wo liegen Ihre

Prioritäten, wenn es etwa um Sozialbetrug geht oder um sexuelle Übergriffe? Sind Sie eher dafür, die Schuldigen zu bestrafen oder die Unschuldigen zu schützen? Beides ist leider nicht zu haben. Die Anekdote um einen chinesischen Rechtsprofessor bringt das Dilemma auf den Punkt. Der Professor war zugegen, als ein britischer Anwalt zum Beweis, wie aufgeklärt sein Land sei, eine Version der Blackstone-Regel zitierte: In England halte man es für besser, 99 Schuldige freizulassen, als einen Unschuldigen hinzurichten. Der chinesische Professor dachte kurz nach und fragte: »Besser für wen?«

*

Aber warum langweile ich Sie hier mit Zahlenspielen über Schuldige und Unschuldige? Weil bei Gerichtsurteilen eine Eigenschaft von Meinungen besonders hervortritt: Sie haben Folgen! Jede Meinung kann Grundlage einer Entscheidung sein, und jede Entscheidung hat Konsequenzen. Und die Frage nach dem Ausmaß dieser Konsequenzen, falls sich Ihre Meinung als falsch herausstellt, sollte Sie nicht kaltlassen.

Natürlich ist es schwer, diese Konsequenzen realistisch abzuschätzen. Nicht umsonst besagt die Redensart: »Prognosen sind schwierig, vor allem, wenn sie die Zukunft betreffen.« Tatsächlich kann uns die Unsicherheit über die Folgen von Entscheidungen bis zur Handlungsunfähigkeit lähmen. Aber oft ist gerade das Gegenteil das Problem: Es wird überhaupt nicht an die Folgen gedacht. Es wäre viel gewonnen, wenn die Menschen mögliche Konsequenzen ihrer Meinungen überhaupt zur Kenntnis nehmen würden und die Heftigkeit, mit der sie urteilen, entsprechend anpassten. Dazu eignet sich die Abwandlung einer Management-Strategie namens Pre-Mortem. Bei einem Pre-Mortem springt man in die Zukunft und stellt sich vor, dass das Projekt, an dem man gerade arbeitet, gescheitert ist. Die Aufgabe besteht nun darin, herauszufinden, was dazu geführt hat. Modifiziert für Meinungen hieße das: Nehmen Sie an, dass sich Ihre Meinung in einem Jahr als komplett falsch erwiesen hat. Auf welche Weise ist das geschehen? Dieses Verfahren unterscheidet sich in einem kleinen, aber wesentlichen Punkt von der üblichen Meinungsbildung. Normalerweise fragen wir uns, warum wir uns irren *könnten*, ein Pre-Mortem geht hingegen davon aus, dass wir uns bereits geirrt *haben*. Das Pre-Mortem unterstellt, dass der »Patient« gestorben ist, und fragt nicht, was falsch laufen *könnte*, sondern was falsch gelaufen *ist*.

Oft erscheinen uns unsere Meinungen als Reiserouten ins Heilige Land, als Leitlinien mit ausschließlich positiven Folgen. Doch jede Position verlangt nach einer Güterabwägung zwischen Kosten und Nutzen. Und diese Güterabwägung muss die Möglichkeit des Irrtums einschließen. Das ist schmerzhaft, weil dabei ethische Vorstellungen kollidieren können. Auch wer noch so sehr das Gute will, ist nicht sicher vor unerwarteten negativen Nebenwirkungen.

Da sind wir also: Neun einfache Regeln für ein rationales Gespräch. Im nächsten Kapitel geht es um das größte Rätsel von allen: Warum werden sich selbst Menschen, die sich an alle halten, oft nicht einig?

Fazit

Selbst wenn Sie der unerschütterlichen Überzeugung sind, recht zu haben (was wahrscheinlich nicht stimmt, wie Sie mittlerweile wissen), sollten Sie sich immer wieder die Frage stellen: Was wäre, wenn ich falschläge? Welche Folgen hätte es, wenn aufgrund meiner irrtümlichen Meinung Entscheidungen getroffen würden? Je dramatischer die Folgen, desto sicherer müssen Sie sich Ihrer Sache sein.

10. Alles Vollidioten außer Ihnen
Warum wir alle glauben, die Welt objektiv zu sehen

An einem kühlen Samstagnachmittag im November 1951 empfingen die Princeton Tigers die Dartmouth Indians im Palmer Stadion der Universität Princeton. Für beide Football-Teams war es das letzte Spiel einer Saison, in der Princeton noch keine einzige Niederlage hinnehmen musste. Überdies war es das Abschiedsspiel des 21-jährigen Dick Kazmaier, eines Ausnahmeathleten, der es kurz zuvor auf das Cover von *Time* geschafft hatte. Doch der Grund dafür, dass dieses Spiel in die Geschichte einging, ist ein anderer: Es war der Anlass für eine der berühmtesten Studien in der Psychologie über eine hartnäckige Täuschung, der alle Menschen erliegen. Und diese Täuschung ist der Grund dafür, dass dieses Kapitel das wichtigste in diesem Buch ist.

Schon kurz nach Matchbeginn wurde klar, dass es ein grobes Spiel werden würde. Im zweiten Viertel ging Kazmaier mit einer gebrochenen Nase vom Feld, im dritten brach sich ein Spieler von Dartmouth ein Bein. Am Ende gewann Princeton, doch die Diskussionen über dieses Zusammentreffen dauerten noch Wochen an. Der Berichterstatter der Studentenzeitung *The Daily Princetonian* schrieb, er habe noch nie »eine derart ekelhafte Zurschaustellung« dieses Sports gesehen. Die Schuld daran liege vor allem bei Dartmouth. Es habe keinen vernünftigen Grund gegeben, Kazmaier so hart anzugehen. In Dartmouth sah man das anders. Dort beschuldigte man Princeton, nach dem Ausfall von Kazmaier dreckig gespielt zu haben. Dabei sei seine gebrochene Nase nicht schwerwiegender als viele andere Verletzungen, die man in einem normalen Football-Training erleiden könne.

Dass Sportfans verschiedener Mannschaften den Spielverlauf unterschiedlich wahrnehmen, war schon in den 1950er Jahren keine Überraschung. Doch zwei Psychologen, Albert H. Hastorf und Hadley Cantril, wunderten sich trotzdem darüber, wie es sein kann, dass ein und dasselbe Spiel so unterschiedlich beurteilt wurde. Sie besorgten sich Filmaufnahmen der Partie, die sie je 160 Studenten an beiden Hochschulen zeigten, mit dem Auftrag, alle Regelverstöße peinlich genau zu notieren. Wie bei den Zeitungsberichten herrschte keine Einigkeit. Die Studenten aus Princeton kamen zur Überzeugung, dass die eigene Mannschaft nur halb so oft gefoult habe wie Dartmouth. In Dartmouth hingegen zählte man bei beiden Teams gleich viele Fouls. Auch in anderen Fragen, etwa darüber, wer begonnen habe, grob zu spielen, gingen die Meinungen auseinander.

Dass die befragten Studenten ihre Mannschaften nicht bewusst bevorzugten, zeigte ein Vorfall, der sich bei der Weitergabe der Filmaufnahmen zutrug. Nachdem der Film des Spiels am Dartmouth College gezeigt worden war, wurde er zusätzlich an eine Gruppe von ehemaligen Dartmouth-Studenten geschickt, die ebenfalls an der Studie teilnahmen. Der Ehemalige, der den Film bekommen hatte, schaute ihn sich vor der offiziellen Visionierung an, um sicherzugehen, dass es der richtige Film war. Aber er konnte die Regelverstöße der eigenen Mannschaft nicht ausmachen, die die Studenten in Princeton gesehen haben wollten. Also telegrafierte er dem Absender: »Die Vorschau der Princeton-Filme zeigt, dass ein wichtiger Teil herausgeschnitten wurde. Bitte senden Sie uns eine Erklärung und wenn möglich den fehlenden Teil per Luftpost.« Aber es fehlte kein Teil. Daraus zogen Hastorf und Cantril den Schluss, dass »das ›Spiel‹ in Wirklichkeit viele Spiele war und dass jede Version der Ereignisse für eine bestimmte Person genauso ›real‹ war wie andere Versionen für andere Personen«.

Natürlich nimmt der Sport eine besondere Stellung ein, wenn es um Parteilichkeit geht. Selbst kompromisslos unvoreingenommene Menschen geben ihre Objektivität auf, wenn die eigene Mannschaft im Rückstand liegt. Doch Hastorf und Cantril waren überzeugt, dass ihre Studie einen Vorgang ans Licht brachte, den es überall gab, bloß dass er im Sport besonders augenfällig war. Es sei unzutreffend und irreführend zu sagen, dass unterschiedliche Menschen unterschiedliche »Einstellungen« zu ein und derselben »Sache« hätten, schrieben sie in ihrer berühmt gewordenen Studie »They Saw a Game«. Vielmehr sei die »Sache« für verschiedene Menschen eben nicht dieselbe, ob diese Sache nun »ein Fußballspiel, ein Präsidentschaftskandidat, der Kommunismus oder Spinat« sei.

Kurz gesagt deuteten die Daten darauf hin, »dass es ›so

etwas‹ wie ein ›Spiel‹, das ›da draußen‹ existiert und das die Menschen lediglich ›beobachten‹, gar nicht gibt«. Das Spiel gebe es nur für die individuelle Person, und es werde von ihr nur insofern erlebt, als bestimmte Ereignisse für ihre Bedürfnisse von Bedeutung seien. Doch weil wir nicht ins Gehirn anderer Leute blicken können, bleibt uns dieser Vorgang verborgen, und alle wähnen sich im festen Glauben, die Welt so zu sehen, wie sie wirklich ist. Daraus folgt in zwingender Logik: Wer die Welt nicht so sieht, dem fehlt entweder die richtige Information, oder er ist voreingenommen, oder er kann nicht vernünftig denken. Die Satire-Website *Der Postillion* fasste es so zusammen: »Wissenschaftlich erwiesen: alles Vollidioten außer Ihnen.« Der naive Realismus, wie diese Tendenz in der Psychologie heißt, hat weitreichende Folgen bei der Meinungsbildung. Keiner kannte sie besser als der 2021 verstorbene Psychologe Lee Ross, der den Begriff in den 1990er Jahren geprägt hat. Ross hat in Experimenten nicht nur nachgewiesen, wie naiv unsere Vorstellungen der Meinungsbildung sind, er ist auch Mitbegründer des Stanford Center on International Conflict and Negotiation und hat in Nordirland und im Nahen Osten zwischen Konfliktparteien vermittelt. Dabei zeigte sich immer wieder, welch hohe Hürde der naive Realismus ist.

Laut Ross können wir durchaus erkennen, dass die Meinungen aller Menschen von ihrer Kultur und ihren persönlichen Erfahrungen geprägt werden, bloß bewerten wir diese unterschiedlich. Die Einflüsse, denen wir unterworfen waren, deuten wir als Quelle der Weisheit und Erleuchtung, jene unserer Gegner als den Ursprung von Vorurteilen und Ressentiments. Wir können uns sogar vorstellen, dass wir an ihrer Stelle genauso denken und handeln würden. Was wir uns nicht vorstellen können ist, dass sie recht haben und wir unrecht. In einem Akt erstaunlicher mentaler Akrobatik ziehen wir es vor zu glauben, wir wären in ihrer Lage ebenfalls in die Irre geleitet worden. »In den 40 Jahren, in denen ich das mache, habe ich noch nie erlebt, dass die Leute sagen: ›Ich möchte mich mit der anderen Seite treffen, weil ich glaube, dass ich die Dinge falsch sehe‹«, sagt Ross. »Sie wollen vielleicht wissen, wie die andere Seite denkt, damit sie sich einfühlen können, aber sie denken nie daran, dass der Zweck des Treffens darin besteht, selber zu einer rationaleren Sichtweise zu gelangen.«

*

Unglücklicherweise kann niemand dem naiven Realismus entfliehen. Er ist wie eine optische Täuschung: Selbst wenn wir das Phänomen gedanklich erfassen, geht die Illusion nicht weg. Es ist das tragische Schicksal des Menschen, dass er die Welt nicht wirklich mit den Augen der andern sehen kann. Dazu fehlen ihm nicht nur die anderen Augen, sondern vor allem das andere Gehirn. Wir werden immer wieder glauben, die Dinge vorurteilslos und objektiv zu sehen, obwohl wir wissen müssten, dass das höchst unwahrscheinlich ist angesichts der Tatsache, dass alle anderen auch so denken.

Nicht jede Meinung liegt uns gleich nah am Herzen. Das konnten die Neurowissenschaftler Jonas Kaplan, Sarah Gimbel und der Philosoph Sam Harris direkt im Hirn feststellen. Sie steckten vierzig Versuchspersonen mit politisch linker Grundhaltung in einen Gehirnscanner und präsentierten ihnen auf einem Bildschirm Argumente, die ihren Überzeugungen widersprachen. Diese Überzeugungen waren etwa »Abtreibung soll legalisiert werden« oder »die Steuern für Reiche gehören erhöht«. Die eingeblendeten Gegenargumente betrafen einerseits solche politische Meinungen, andererseits unpolitische wie »Edison hat die Glühbirne nicht erfunden« oder »eine Universitätsausbildung verbessert die wirtschaftlichen Aussichten«. Bei den unpolitischen Ansichten fielen die Argumente auf fruchtbaren Boden, viele Versuchspersonen änderten ihre Meinung, ohne zu zögern. Von ihren politischen Ansichten ließen sie sich jedoch kaum abbringen. Diese Gegenwehr zeigte sich auch in der Gehirnaktivität. »Die Reaktion war sehr ähnlich, wie wenn Sie durch einen Wald spazieren und auf einen Bären stoßen«, sagt die Mitautorin Sarah Gimbel. Gewisse Meinungen sind Bären! Sie infrage zu stellen, empfinden wir offenbar als große Gefahr. Das Gehirn unterscheide in diesem Fall nicht zwischen körperlicher und mentaler Bedrohung.

So wie sich das Gehirn beim Bären auf Kämpfen oder Flüchten einstellt, greift es in Diskussionen zu wirksamen, wenn auch dubiosen Methoden, um mit missliebigen Meinungen fertigzuwerden. Wie meisterhaft wir das beherrschen, zeigte eine Untersuchung in den 1970er Jahren. Damals baten Psychologen eine Reihe von Studenten, zwei Studien zu lesen, die sie für das Experiment erfunden hatten: Eine belegte anscheinend, dass die Todesstrafe eine abschreckende Wirkung auf mögliche Täter habe, die andere zeigte das Gegenteil. Sowohl Gegner wie Befürworter der Todesstrafe hielten jeweils jene Studie für überzeugender, die ihre Meinung stützte, und bewerteten die andere Studie als lückenhaft und schlampig. Ernüchtert stellten die Wissenschaftler fest, man könne offenbar nicht erwarten, »dass aus ›objektiven‹ Daten über brennende gesellschaftliche Themen ein Konsens über die Politik hervorgehe«. Schließlich hatten ihre Versuchspersonen das Kunststück vollbracht, in exakt denselben Unterlagen die Bestätigung für ihre entgegengesetzten Ansichten zu finden.

Wer der Meinungsbildung ins Getriebe schaut, stößt auf Widersprüche ohne Ende. Der größte: Die Meinung zu ändern, finden wir großartig – solange es die anderen tun. Wir verstehen alle, dass ein gemeinsames Verständnis der Welt für das Zusammenleben wichtig ist. Und dazu gehört immer wieder, dass wir im Licht der Fakten unseren Standpunkt ändern. Eigentlich müsste uns jede neue Information schmerzfrei davon überzeugen können, dass wir falschlagen. Doch wer kann sich an ein Gespräch erinnern, in dem die Worte fielen: »Gut, dass du mir das sagst, da muss ich sofort meine Meinung aufgeben.« Haben wir nicht alle schon gedacht, die Welt wäre eine bessere, wenn gewisse Leute ihre Meinung ändern würden? Und waren diese Leute ohne Ausnahme nie wir selbst?

Wir glauben wider besseren Wissens: Wenn wir der Gegenseite bloß lange genug die Fakten darlegen könnten, würde sie ihren Irrtum zweifellos einsehen. Angesichts der Professoren, die sich jeden Abend am Fernsehen miteinander streiten und die zweifellos mehr über ein Thema wissen als wir Zuschauer, muss man sich wundern, woher diese Überzeugung kommt. Eine mögliche Antwort darauf ist so naheliegend wie empörend: Wir sind der Überzeugung, die Meinung anderer mit Fakten ändern zu können, weil wir glauben, unsere eigene Meinung sei auch aus Fakten entstanden. Aber was, wenn uns das Gehirn das bloß vormacht? Wenn die Meinungen da sind, lange bevor wir uns die passenden Argumente dafür zusammensuchen? Das zu beweisen, scheint auf den ersten Blick unmöglich. Wenn wir nicht einmal selbst bemerken, dass wir uns belügen, wie soll sich das dann von außen feststellen lassen? Eines der großen Hindernisse wissenschaftlicher Forschung bleibt das Wesen der Subjektivität. Doch zwei schwedische Psychologen konnten diese Hürde überwinden und mit originellen Experimenten zeigen, dass wir tatsächlich einem gigantischen Betrug aufsitzen, wenn es um die Meinungsbildung geht.

Lars Hall und Petter Johansson kamen auf Umwegen zur Meinungsforschung. Sie begannen in den 1990er Jahren, ein Phänomen zu erforschen, das eigentlich nichts mit Meinungen zu tun hat, die Change-Blindness. Die Veränderungsblindheit bezeichnet die Tatsache, dass Menschen erhebliche Veränderungen, die sich direkt vor ihren Augen abspielen, oft nicht wahrnehmen. Am häufigsten lässt sie sich bei Anschlussfehlern in Filmen beobachten, bei denen die Schauspieler nach einem Schnitt plötzlich andere Kleider tragen oder die Möbel anders stehen. Wenn man die Zuschauer nicht darauf aufmerksam macht, merken die meisten nichts davon. Hall und Johansson nutzten die Veränderungsblindheit, um die dubiosen Wege der Meinungsbildung live zu beobachten.

In einem Experiment aus dem Jahr 2004 bat Johansson 120 Versuchspersonen, aus den Bildern zweier Frauen die attraktivere auszuwählen. Hatten sie sich für eine Frau entschieden, legte Johansson dieses Bild verdeckt auf den Tisch und schob es der Versuchsperson mit der Aufforderung zu: »Schauen Sie sich das Bild noch einmal an und erklären Sie, warum Ihnen diese Frau besser gefällt.« Ein Mann sagte zum Beispiel: »Sie sieht einer Tante von mir ähnlich, sie scheint mir hübscher zu sein als die zweite Frau.« Ein anderer erklärte seine Wahl mit dem Schmuck, den die Frau trug: »Ich mag Ohrringe.« Das ist alles nicht sonderlich spektakulär – bis man erfährt, dass Johansson die Bilder beim Ablegen mit einem Trick vertauscht hatte. Die Versuchspersonen hatten also ein Bild jener Frau vor sich, die sie nicht gewählt hatten. Davon merkten drei Viertel der Probanden nichts, vielmehr begründeten sie in blumigen Worten eine Wahl, die sie gar nicht getroffen hatten. Dabei zeigten sie sich erstaunlich flexibel. Die ursprünglich ausgewählte Frau trug zum Beispiel gar keine Ohrringe. Hall und Johansson nannten dieses Phänomen Choice-Blindness, Wahlblindheit: die Illusion, dass die eigenen Entscheidungen und Vorlieben rational und konsistent begründet sind. In Tat und Wahrheit seien die Erklärungen oft nichts anderes als nachträgliche Rationalisierungen, sind die beiden Forscher überzeugt.

In einem spektakulären Experiment zeigten die Psychologen, dass dieser Effekt nicht nur bei einem Schönheitsurteil eine Rolle spielt, sondern auch bei politischen Meinungen. Kurz vor den Wahlen in Schweden im Jahr 2010 baten sie Passanten, einen Fragebogen zu zwölf politischen Fragen auszufüllen, in denen sich die Haltungen linker und rechter Parteien unterschieden. Durch eine Manipulation, die ihnen ein Zauberkünstler beigebracht hatte, verkehrten sie einige der Antworten auf dem Papier heimlich ins Gegenteil. Als die Psychologen danach um Erklärungen baten, hielten die Hälfte der Befragten die manipulierten Meinungen für ihre eigenen und begründeten eine Position, die sie nie bezogen hatten. 48 Prozent der Umfrageteilnehmer gaben danach sogar an, sie würden anders wählen, als sie vor der Umfrage angegeben hatten. In einem ähnlichen Experiment fragten die beiden Psychologen nach moralischen Haltungen. Auch hier erfand die Hälfte der Versuchsteilnehmer Gründe für Auffassungen, die sie vor der Befragung gar nicht hatten.

Falls sich diese Resultate verallgemeinern lassen, und dagegen spricht nichts, lässt dieses Resultat nur eine Schlussfolgerung zu: Viele unserer Meinungen sind völlig unqualifiziert. »Denn wie kann es sich um eine ›echte‹ Meinung handeln«, schreiben Hall und Johansson, »wenn wir kurz darauf bereit sind, das Gegenteil zu vertreten?« Offenbar torkeln wir vielen unserer Meinungen mit einem Flickwerk aus halbseidenen Begründungen hinterher. Ein Teil der Argumente, mit denen wir unsere täglichen Entscheidungen sorgsam untermauern, sind nichts als dichterischer Bombast. Dass Sie sich nicht vorstellen können, auf die Manipulation in diesem Experiment hereinzufallen, illustriert das Ausmaß des Problems: »Alles Vollidioten außer Ihnen.«

Die Idee, dass wir nicht nur unsere Mitmenschen, sondern auch uns selbst von außen beobachten, um auf unsere Absichten, Ziele und Wünsche zu schließen, trägt den Namen Intentional Stance (Absichtshaltung) und stammt vom amerikanischen Philosophen Daniel Dennett. Er ist überzeugt: Zuweilen erfinden wir die Gründe, weshalb wir etwas tun oder meinen, erst im Nachhinein und datieren sie dann zurück. Dass dieser Vorgang unbewusst geschieht, zeigt der letzte Teil des Experiments mit den Frauenporträts. Bevor er nach dem Versuch das Geheimnis des Bildertauschs lüftete, fragte Johansson die Leute: Glauben Sie, dass Sie es bemerkt hätten, wenn ich die Gesichter vertauscht hätte? Doch der Wink mit dem Zaunpfahl verfehlte seine Wirkung. 84 Prozent waren sicher, dass ihnen eine solche Veränderung keinesfalls entgangen wäre.

»Wenn man die Leute glauben machen kann, dass sie etwas selbst gewählt haben, werden sie es ganz von selbst mögen«, sagt Johansson. Und das nicht nur in diesem Augenblick, sondern auch in Zukunft. Der Grund dafür: Wenn die Leute dem Versuchsleiter erklären, weshalb sie das Bild der Frau besonders mögen – obwohl es gar nicht das gewählte war –, erklären sie es auch sich selbst. Natürlich dürfen sich die zur Wahl stehenden Optionen nicht zu stark unterscheiden. Es wird nicht gelingen, jemandem einen Mann als seine Wahl unterzujubeln, wenn er eine Frau gewählt hat. Aber die Unterschiede, über die die Versuchspersonen hinwegsahen, waren in allen Experimenten beträchtlich.

Die Ergebnisse von Hall und Johansson legen nahe, dass auch viele unserer vermeintlich gut begründeten Meinungen auf wackligen Füßen stehen. Umso erstaunlicher ist es, dass unser Gehirn über ein ganzes Arsenal von Abwehrmechanismen verfügt, die uns erlauben, entgegen allen Widersprüchen an einer Meinung festzuhalten: Confirmation Bias bezeichnet die Tendenz, gezielt nach Informationen Ausschau zu halten, die unsere Meinung bestätigen; Motivated Reasoning die Neigung, widersprechende Fakten besonders kritisch zu untersuchen; beim Desirability Bias halten wir eher für wahr, was wir uns wünschen. Natürlich erkennen wir sofort, wenn andere diese billigen Tricks anwenden, bloß bei uns selbst will uns das nicht gelingen. »Wir zögern nicht nur, unsere Antworten zu überdenken. Wir zögern schon bei der Idee des Überdenkens«, schreibt der Psychologe Adam Grant in seinem Buch *Think Again*.

Wir sind blind gegenüber unserer eigenen Parteilichkeit, obwohl wir sie in unserem Alltag immer wieder beobachten könnten. Der Psychologe Daniel Gilbert hat sie im Badezimmer entdeckt: »Wenn unsere Personenwaage schlechte Nachrichten liefert, springen wir ab und dann wieder auf, nur um sicherzugehen, dass wir die Anzeige nicht falsch gelesen haben; wenn die Waage gute Nachrichten liefert, lächeln wir und gehen unter die Dusche.« Unser Gehirn ist selektiv skeptisch, glaubt, was es glauben will, und macht das Vertrauen in unsere Waage vom angezeigten Gewicht abhängig. Doch wozu der ganze Aufwand? Warum lassen wir uns nicht einfach leidenschaftslos vom besseren Argument überzeugen? Müsste es nicht von Nachteil sein, an einer falschen Meinung festzuhalten?

Nicht unbedingt, denn wir erliegen noch einem zweiten Irrtum: Mit der Ansicht, dass unsere Meinungen gut abgestützt seien, kommt die Überzeugung, dass sie die Wahrheit widerspiegelten. Der Psychologe Jonathan Haidt nennt das in seinem Buch *The Righteous Mind* den rationalistischen Wahn: die Illusion, unsere moralischen Haltungen und Werturteile würden sich auf Vernunft stützen. Wegen dieser Illusion sind wir oft frustriert darüber, wie vermeintlich dumm, voreingenommen und unlogisch sich Leute anstellen, die anderer Meinung sind als wir. Haidt rät, die Sache anders anzuschauen: »Wenn Sie moralisches Denken als eine Fähigkeit betrachten, die wir Menschen entwickelt haben, um unsere sozialen Ziele zu fördern – um unsere eigenen Handlungen zu rechtfertigen und die Gruppen, denen wir angehören, zu verteidigen –, dann ergibt das alles viel mehr Sinn.« Das sei ein Merkmal unserer evolutionären Entwicklung und »kein Fehler, der sich in einen sonst objektiven und rationalen Verstand eingeschlichen hat«. Laut Haidt ist unser Geist zweigeteilt, »wie ein Elefant und sein Reiter«. Der Elefant verkörpert unsere Gefühle und Intuitionen, der Reiter den Verstand. Weil der Elefant viel stärker ist, bleibt dem Reiter oft nichts anderes übrig, als dem Elefanten zu folgen und als sein Pressesprecher zu erklären, warum er gerade was macht, obwohl der Reiter das oft selber nicht so genau weiß.

Intuition, Gefühle und Instinkt sind deshalb so viel stärker als der Verstand, weil es sie schon viel länger gibt. Bevor unsere Ahnen sprechen lernten, gab es weder einen Anlass noch die Möglichkeit, Gründe für seine Handlungen anzugeben. Als später der Geist in unser Hirn kroch und die Vernunft zum höchsten Gut erklärt wurde, mussten wir plötzlich rationale Gründe finden für die bizarren Handlungen und seltsamen Ansichten, die aus den Tiefen des Stammhirns stiegen. So sind wir zu Politikern in eigener Sache geworden. Wir müssen nicht wirklich recht haben, es reicht, den Anschein zu erwecken. »Die Evolution hat Organismen nicht deshalb mit Gehirnen ausgestattet, damit sie Gedichte schreiben, Kreuzworträtsel lösen oder Neurowissenschaften betreiben können«, schreibt der Neurowissenschaftler Anil Seth, »aus evolutionärer Sicht dienen Gehirne nicht dem rationalen Denken, der sprachlichen Kommunikation oder gar der Wahrnehmung der Welt. Der wichtigste Grund, warum ein Organismus ein Gehirn hat, ist, dass es ihm hilft, am Leben zu bleiben.«

Dagegen ist auch die Schule machtlos. Der Bildungsforscher David Perkins hat untersucht, wie sich Menschen verschiedener Bildungsstufen im ersten und im vierten Jahr an ihrer Schule unterscheiden. Er gab ihnen die Aufgabe, Pro- und Contra-Argumente für verschiedene soziale Fragen zu sammeln. Tatsächlich fanden die Befragten mehr Argumente, je älter sie waren und je höher ihr Bildungsgrad war. Doch es waren fast ausschließlich Argumente, die ihre Meinung bestätigten. Perkins kam zum Schluss, dass »die Menschen ihren IQ eher in die Untermauerung ihrer eigenen Argumente investieren als in eine umfassende und ausgewogene Untersuchung des gesamten Problems«.

Deshalb ist es auch ein Irrglaube, dass Menschen in wissenschaftlichen Fragen umso mehr übereinstimmen, je mehr sie über die Wissenschaft wissen. Der Psychologe Dan Kahan hat – zumindest für die USA – genau das Gegenteil herausgefunden: Je besser sich Demokraten und Republikaner in der Wissenschaft auskannten, desto stärker gingen ihre Meinungen auseinander – zum Beispiel über die Ursache der Klimaerwärmung. Die Leute, die sich wenig mit dem Thema befassten, zeigten eine erstaunliche Übereinstimmung: Auf beiden Seiten vertraten zwischen 40 und 50 Prozent die Meinung, die globale Erwärmung sei menschengemacht und hänge mit der Verbrennung fossiler Brennstoffe zusammen. Doch die Bildungselite, die zum kundigsten einen Prozent gehörte, hatte sich polarisiert. Dort waren es bei Demokraten fast 100 Prozent, bei den Republikanern nur noch 10 Prozent.

Je höher der Bildungsgrad, desto extremer die Positionen. Die beunruhigende politische Frage, die sich daraus ergibt, steckt im Titel eines Artikels des kanadischen Philosophen Michael Hannon: »Sind kundige Wähler die besseren Wähler?« Eine klare Antwort kann Hannon nicht geben. Damit stellt er auch die originelle Idee von Robert Heinlein aus dem Kapitel 5 infrage, wer abstimmen wolle, müsse eine quadratische Gleichung lösen können.

*

Dan Kahan hat große Untersuchungen über die sozialen Folgen von Meinungswechseln durchgeführt. Er hat einen Verdacht, warum es aus der Sicht eines Einzelnen vernünftig sein kann, nicht von einer absurden Meinung abzurücken: Für viele ist der Preis, den sie für eine falsche Meinung bezahlen, kleiner als die Gefahr, in ihrer sozialen Gruppe isoliert zu werden, wenn sie die Meinung wechseln. Kahan sieht die politische Meinung als eine Art Treueschwur. Eine Meinung zu wechseln ist so gesehen immer auch Verrat. Verrat an der Gruppe, zu der man gehört oder gehören möchte, und Verrat an seinem früheren Ich. Deshalb reagieren wir auf Gegenargumente wie auf den Bären im Wald: Sie bedrohen unser soziales Leben und unsere Identität. Wir haben nicht Meinungen, wir sind unsere Meinungen. Das zeigt sich besonders deutlich auf Twitter. Selbst wenn ein Tweet vermeintlich zu einer Diskussion einlädt, belehren einen die Antworten schnell eines Bessern:

»Wie hirntot muss man sein, um einen solchen Tweet abzusetzen?«
»Wer flüstert dir eigentlich immer diese Dummgrütze ein?«
»Hä?«

Oder in die andere Richtung:

»Jawoll.«
»Lass dich nicht unterkriegen!«
»Könnte ich nicht besser sagen.«

Die einzige Funktion dieser Botschaften besteht darin, die Zugehörigkeit zu einer Gruppe zu signalisieren. Sie wollen sagen: Ich gehöre zur Gemeinschaft, die so denkt, oder ich gehöre zur Gemeinschaft, die nicht so denkt. Gleiche Meinungen schaffen Geborgenheit. Dieses Stammesdenken ist auch ein Grund, weshalb Meinungen in schwer erklärbaren Paketen auftauchen: Warum sind Impfkritiker eher Putinfreunde? Warum befürworten Atomkraftgegner eher staatlich finanzierte Kinderkrippen? Nur wenige könnten erklären, wie diese unzusammenhängende Konformität zustande kommt. »Die Tendenz, sich für eine politische Seite zu entscheiden und dieselben Meinungen zu nicht verwandten Themen zu teilen, erscheint seltsam, aber so funktioniert eben die Kultur«, schrieb der Verhaltensgenetiker Abdel Abdellaoui. »Es ist menschlich, eine übergreifende Geschichte mit seiner Gruppe teilen zu wollen.«

Wie sehr Meinungen an eine Identität gebunden sein können, zeigte auch ein originelles Experiment der israelischen Sozialpsychologin Ifat Maoz anlässlich von Friedensverhandlungen. Maoz verschaffte sich Zugang zu den Originalfriedensvorschlägen, die Israeli und Palästinenser im Mai 1993 in Washington präsentierten. Diese Dokumente unterbreitete sie israelischen Studenten zur Beurteilung. Was sie ihnen nicht sagte: Bei einem Teil der Dokumente vertauschte Maoz die Urheber. Der Vorschlag der Israeli wurde den Palästinensern zugeschrieben, jener der Palästinenser den Israeli. Und siehe da: Die Studenten fanden den Vorschlag ihrer Feinde plötzlich besser als jenen ihrer eigenen Partei. Die Politiker hätten es sich sparen können, nächtelang über Formulierungen zu brüten. Entscheidend war nicht, was dastand, sondern wer es geschrieben hatte. Noch erstaunlicher war, dass sich die Studenten weder beschämt noch verunsichert fühlten, als ihnen Maoz eröffnete, wer die tatsächlichen Urheber waren. »Sie sagten nur: ›Das ist ganz rational. Wir befinden uns in einem Kampf, der Feind sind die Palästinenser, wir können ihnen nicht vertrauen, also können wir ihren Vorschlägen auch nicht vertrauen.‹«

Ein solches Stammesdenken zeigt sich heute bei vielen umstrittenen Themen, vom Klimaschutz über die Gentechnik bis zur Einwanderung – mit verhängnisvollen Konsequenzen. Das rationale Verhalten des Einzelnen, im Zweifelsfall zuallererst zu seiner Gruppe zu halten, kann für die Gesellschaft als Ganzes irrational sein, »indem es die Bürger daran hindert, sich auf die besten verfügbaren wissenschaftlichen Erkenntnisse darüber zu einigen, wie sie ihre gemeinsamen Interessen an Gesundheit, Sicherheit und Wohlstand sichern können«, wie Kahan schreibt.

Im Sport ist es offensichtlich, dass es vor allem um Gruppenzugehörigkeit und Identität geht und nicht um Objektivität und Wahrheit. Aber dasselbe gilt, ohne dass wir uns dessen bewusst sind, auch bei vielen anderen Themen. Wir sind nicht nur Fans von Fußballklubs, wir sind auch Fans unserer Familie, unseres Freundeskreises, unserer Weltsicht, unserer politischen Ausrichtung, und vor allem sind wir Fans von uns selbst. Wir wollen am Morgen in den Spiegel blicken und einen anständigen Menschen sehen. Und dafür sind wir nicht nur bereit, die Regeln aus den vorangegangenen neun Kapiteln zu unseren Gunsten auszulegen, sondern auch das Offensichtliche zu leugnen.

*

Die Mitglieder der Sekte The Seekers verbrachten die Nacht vom 21. Dezember 1957 voller Erwartung in einem Haus in Chicago. Ihre Anführerin Dorothy Martin hatte die Botschaft erhalten, dass die Welt um Mitternacht untergehe, ihre Gemeinschaft aber gerettet werde. Was Martin nicht wusste: Unter ihre Getreuen hatten sich auch Wissenschaftler geschlichen. Die Forscher um den Psychologen Leon Festinger wollten wissen, was passieren würde, wenn die Prophezeiung nicht einträfe. Tatsächlich tauchte die Untertasse nicht auf, die die Sektenmitglieder hätte abholen sollen. Am Morgen erhielt die Sektenführerin die Botschaft, Gott habe beschlossen, die Welt zu verschonen. Von außen betrachtet wäre die einzige vernünftige Reaktion gewesen, dem Glauben abzuschwören und die Sekte nach der Fehlprognose zu verlassen, doch das geschah nicht. Die Gemeindemitglieder erlebten einen starken inneren Konflikt. Die Welt war nicht untergegangen, das Leben nahm seinen Lauf, dabei hatten sie doch ihre Arbeit aufgegeben, ihre Häuser verschenkt, ihr

Geld verteilt. Entweder mussten sie sich eingestehen, dass sie leichtgläubig auf eine absurde Geschichte hereingefallen waren, oder sie mussten glauben, dass sich Gott tatsächlich kurzfristig umentschieden hatte und sie immer noch zu den Auserwählten gehörten. Die meisten wählten die zweite Möglichkeit.

Leon Festinger nannte diese innere Spannung kognitive Dissonanz. Sie ist oft der versteckte Antrieb hinter all den Mechanismen, die verhindern, dass wir unsere Meinung ändern. Kognitive Dissonanz ist ein komplizierter Begriff dafür, dass wir Widersprüche im Kopf als höchst unangenehm empfinden und unter allen Umständen aufzulösen versuchen. »Es fühlt sich furchtbar unangenehm an, wie extremer Hunger oder extremer Durst, aber es findet im Geist statt«, beschreibt es die Psychologin Carol Tavris, die das Phänomen jahrelang erforscht hat. Wie die Mitglieder der Sekte wählen die meisten Menschen anstelle der unangenehmen ehrlichen Antwort, dass sie falschlagen, die angenehmere Lüge, dass die neue Information zweifelhaft ist. Die kognitive Dissonanz vermindern wir auch in anderen Bereichen. Wenn wir den Job nicht bekommen und uns einreden, der Chef wäre ein Scheusal gewesen, oder wenn wir froh sind, nicht gewählt worden zu sein, weil das Amt viel Arbeit gemacht hätte. Widersprüche auf diese Art aufzulösen, ist ein grundlegender Mechanismus der Lebensbewältigung. Er erlaubt uns, der Möglichkeit zu entgehen, dass wir Dummköpfe oder Heuchler sein könnten.

Wenn der innere Konflikt groß wird, kann er zu groteskem Verhalten führen. Zum Beispiel bei Staatsanwälten, die Menschen hinter Gitter gebracht haben, deren Unschuld

Jahre später durch DNA-Tests zweifelsfrei festgestellt wurde. Sie können sich ihren Fehler oft nicht eingestehen und wollen die Freigelassenen wieder anklagen. Die Vorstellung, dass sie unschuldigen Menschen Jahre ihres Lebens genommen haben, ist ihnen unerträglich.

Angesichts dieser übermächtigen psychologischen Prozesse und unserer Blindheit gegenüber unserer eigenen Voreingenommenheit scheint die Meinungsbildung ein erratischer und tief irrationaler Prozess zu sein, bei dem Fakten kaum eine Rolle spielen. Aber stimmt das wirklich? Hat die Vernunft gegen den Elefanten wirklich keine Chance? Davon handelt der Epilog dieses Buchs.

Fazit

Die meisten Menschen glauben, dass ihre Meinungen aus der nüchternen Begutachtung von Fakten entstehen. Falls sich andere Menschen nicht von unseren Meinungen überzeugen lassen, bleiben nur wenige Erklärungen: Sie kennen die Fakten nicht, sie sind zu dumm, um die Fakten zu verstehen, oder sie führen etwas im Schilde und haben gar kein Interesse an der Wahrheit. Untersuchungen zeigen, dass wir dabei einer Illusion aufsitzen: Oft haben wir zu Themen eine Meinung, lange bevor wir etwas davon verstehen. Erst im Nachhinein suchen wir uns die Fakten aus, die unsere Ansicht stützen. Später machen wir uns vor, die Reihenfolge sei umgekehrt gewesen. Der kräftige Mechanismus, der dabei am Werk ist, nennt sich naiver Realismus: die tiefe Überzeugung, die Welt objektiv zu sehen.

Epilog
Wie sich eine Meinung doch ändert – vielleicht sogar die Ihre

In der Nacht vom 13. Januar 2013 rief ein Teenager aus einem kleinen Dorf in den schottischen Highlands im Internet eine außergewöhnliche Diskussionsgruppe ins Leben. Kal Turnbull war 17 Jahre alt, die University of Edinburgh hatte ihm eben einen Studienplatz im Bauingenieurwesen zugesichert. Bald würde er vom Land in die Stadt ziehen, und das machte ihn nachdenklich. »Ich sinnierte über meine Vergangenheit, über Freunde und Familie und wie wir in unserem kleinen schottischen Dorf im Großen und Ganzen alle recht ähnlich dachten.« Turnbull wusste, dass sich sein Umfeld nun ändern würde, und er suchte nach einem Ort, an dem er erfahren würde, mit welchen Meinungen er falschlag. Und weil es den nicht gab, gründete er im Internetforum reddit die Gruppe »Change my View«. Als ich sie acht Jahre später in meinem Browser aufrufe, hat die Gemeinschaft der Meinungsänderer 1,3 Millionen Mitglieder, von denen gerade über 5.000 online sind. Einer ist gegen Blasphemiegesetze, ein anderer findet, Bob Dylan sei ein mieser Liedermacher, ein Dritter, die Leute sollten aufhören, »kleiner Penis« als Beschimpfung zu benutzen, weil das schlecht ausgestattete Männer verletze. Alle wollten Gegenargumente sehen und ihre Meinung dann überprüfen.

Auch ich startete einen Versuchsballon. »Latein gehört als obligatorisches Schulfach abgeschafft«, tippte ich ins Titelfeld. Darunter begründete ich meine Meinung in kurzen Sätzen. Die oft genannte positive Wirkung auf das Lernen anderer Sprachen und das logische Denken konnte nie wissenschaftlich belegt werden, die Schüler könnten die Zeit sinnvoller nutzen. Nach drei Stunden hatte mein Eintrag acht Kommentare. Drüben beim Penis waren es 667, und auch die Blasphemie hatte schon 141 Wortmeldungen. Gegen diese Konkurrenz hat Latein keine Chance. Ich las die üblichen Argumente. Thetasigma4 gab zu bedenken, dass Latein als »lingua franca« in Europa zur Zeit der Aufklärung zum Kern der westlichen Geschichte gehöre, und myc-e-mouse hielt Latein für eine gute Grundlage, um andere Sprachen zu lernen. Alle Beiträge waren wohltuend nett. »Seien Sie nicht unhöflich oder feindselig gegenüber anderen Benutzern«, heißt bis heute eine der Regeln hier. »Change my View« wurde auch schon »der vielleicht zivilisierteste Ort im Internet« genannt. Selbst bei Bob Dylan blieben sie freundlich, obwohl einigen das nüchterne Argumentieren schwerfiel ob der infamen Behauptung, er sei ein mittelmäßiger Songwriter.

Wenn mich ein Argument überzeugt, meine Meinung zu ändern, kann ich dafür ein Δ vergeben. Der griechische Buchstabe Delta steht in der Mathematik für Veränderung. Er ist der Orden für Antworten, die einen Benutzer dazu bewegen umzudenken. Die besten Debattierenden werden auf dem Deltaboard aufgelistet, einer Art Hitparade der Überredungskünstler. Thetasigma4, der sich in meiner Lateindiskussion bemühte, hatte zum damaligen Zeitpunkt schon 80 Deltas verliehen bekommen. Von mir bekam er keines. Seine Argumente überzeugten mich nicht.

Meinungsänderungen in freier Wildbahn zu untersuchen ist schwierig. Man weiß nie im Voraus, wann und wo sie stattfinden. Doch »Change my View« hat ein Reservat für sie geschaffen. Der Computerlinguist Chenhao Tan versuchte 2016 aus 1.114.533 Beiträgen auf »Change my View« zu destillieren, was die Leute dazu bringt, die Meinung zu ändern. Dazu ließ er seine Computer nach systematischen Unterschieden zwischen Argumentationsketten ohne Delta und solchen mit suchen. Es zeigte sich: Wer seinen Diskussionspartner nach vier Wortwechseln nicht überzeugt hatte, konnte aufgeben, denn für spätere Argumente gab es keine Deltas mehr. Auch die Anzahl der Diskussionsteilnehmer wirkte sich auf den Meinungsumschwung aus: je mehr, desto besser, bis zu einer Obergrenze von etwa 130 Leuten. Einen positiven Effekt hatten ebenso längere Beiträge, mehr Absätze und das Pronomen »ich«.

Wer aber hoffte, Chenhao Tan habe mit seiner Studie die geheimnisvolle Mechanik des Meinungswechsels entschlüsselt, wurde enttäuscht. Zwar ist der Datenberg von »Change my View« unbezahlbar, um Computern das Argumentieren beizubringen. Doch was die Meinungsänderung bei Menschen betrifft, sind Tans Resultate banal: Mehr Diskussionsteilnehmer bedeuten mehr unterschiedliche Argumente, mehr Absätze deuten auf eine klare Strukturierung hin, längere Posts auf eine tiefere Argumentation. Den Grund, weshalb »Change my View« nicht die ganz großen Erkenntnisse liefern kann, hat der Unternehmer Elon Musk in einem Tweet so zusammengefasst: »›Change my View‹ wird am wenigsten von jenen Leuten angeklickt, die wirklich ihre Meinung ändern sollten.« Dass er selber sich dazuzählt, ist unwahrscheinlich.

*

Wenn Sie meinen Argumenten bis hierhin gefolgt sind, wird Sie nicht überraschen, dass es kein Patentrezept gibt, um Meinungen zu ändern. »Change my View« ist eine geschützte Werkstatt, und das hat mit der wichtigsten Regel dort zu tun: Man muss offen für Veränderung sein. »Change my View« sei ein Ort, um eine Meinung zu posten, die man als fehlerhaft akzeptiere, »in dem Bestreben, andere Sichtweisen zu diesem Thema zu verstehen«, steht in der offiziellen Beschreibung. Mit anderen Worten: »Change my View« ist kein Abbild der realen Welt. Dort drängelt sich niemand vor, um von seinen Meinungen abgebracht zu werden.

Auch wenn es gelegentlich nicht so scheint: Es herrscht keine Meinungspflicht. Es sind keine Strafen ausgesetzt für Menschen, die nichts zu sagen haben über die jüngsten Entwicklungen im Nahen Osten, über die Abschaffung des Bootsführerscheins oder Ananas auf der Pizza. Meinungsschwäche braucht Mut, ist aber oft die einzig ehrliche Haltung. Wenn Sie wenig über ein Thema wissen, ohnehin; aber auch, wenn Sie Experte sind. Der kanadische Pädagoge Laurence J. Peter sagte es so: »Manche Probleme sind so komplex, dass man hochintelligent und gut informiert sein muss, um bei ihnen unentschieden zu sein.« Der Philosoph Alain de Botton erachtet »das Selbstbewusstsein, zu vielen Dingen keine Meinung zu haben«, sogar als Zeichen der Reife.

Für Leute, die ihre Meinung ändern, stellt uns die Sprache ein Arsenal an negativen Adjektiven bereit: unstet, labil, flatterhaft. Solche Leute sind wahlweise Deserteure oder Opportunisten, die ihre Fahne in den Wind hängen. Menschen, die gegen jeden Widerstand an ihrer Meinung festhalten, gelten hingegen als standfest, integer, prinzipientreu und loyal. Doch der Meinungswechsel hat zu Unrecht einen schlechten Ruf. Wie Sie aus dem vorangegangenen Kapitel wissen, ist er nicht wegen unseres vermeintlichen Wankelmuts in Verruf geraten, sondern weil Meinungen immer auch soziale Signale senden. Sie sind Solidaritätsparolen, die zeigen, zu welcher Gruppe wir gehören – oder gehören wollen. Deshalb fühlt sich ein Meinungswechsel immer ein bisschen wie Verrat an. Wer von einer impfkritischen zu einer impffreundlichen Haltung wechselt – oder umgekehrt –, gilt als Überläufer und setzt sich der Gefahr aus, Freunde zu verlieren.

Die soziale Ächtung ist allerdings nicht der einzige Grund, der einen Meinungswandel schwer macht. Wenn Sie eine Meinung vehement vertreten, kann ein Meinungswandel tatsächlich Ihre Glaubwürdigkeit infrage stellen. Nicht nur ist die ganze Denkarbeit verloren, die Sie in Ihre Position gesteckt haben, Ihr Gesinnungswechsel hat Sie auch als fehlbaren Menschen entlarvt. Die neue Position ist befleckt von ihrer Vorgängerin: Was macht Sie so sicher, dass Ihre jetzige Meinung richtig ist, wenn Sie doch zuvor nicht weniger vom

Gegenteil überzeugt waren? Gar nichts! Und so soll es auch sein. Behandeln Sie Meinungen nicht als letzte Wahrheiten, sondern als vorläufige Vermutungen. Wer glaubt, immer recht zu haben, lernt nichts mehr im Leben.

Das kostet Kraft und macht einsam. Meinungswechsel können uns in Zweifel stürzen. Der britische Musiker Brian Eno schreibt im Vorwort des Buches *What Have You Changed Your Mind About*: »Wenn sich etwas für Sie ›richtig angefühlt‹ hat, aus welchem komplexen Geflecht persönlicher Gründe auch immer, dann ist es nicht nur eine Frage der Rationalität, sondern auch eine Frage des Selbstwertgefühls, diese Idee aufzugeben. Denn wenn dieses Gefühl falsch war, wie viele andere dann wohl auch? Wie viel vom Rest Ihrer intellektuellen Welt werden Sie zerpflücken müssen?« Die Meinung zu ändern, hat ihren Preis. Oft ziehen wir den Komfort der Überzeugung dem Unbehagen des Zweifels vor, dabei, so Eno, sei die Fähigkeit zum Meinungswandel »unsere Hoffnung für die Zukunft«.

Doch leider erwachsen dieser Hoffnung noch andere Widerstände. Etwa in Form einer seltsamen psychologischen Eigenheit: Der Mensch ist ein Wesen, das geradezu verliebt ist in die Gegenwart. In einer umfangreichen Studie mit über 19.000 Teilnehmern haben die Psychologen Daniel Gilbert und Jordi Quoidbach herausgefunden, wie sehr wir dazu neigen, unsere gegenwärtigen Vorlieben für beständig zu halten: Egal wie alt die Befragten waren – sie konnten sich nicht vorstellen, dass sich ihr aktueller Musikgeschmack, ihre Weltsicht oder das Verhältnis zu ihrem Partner in Zukunft verändern würde. Selbst dann nicht, wenn sich diese Dinge in der Vergangenheit schon mehrfach verändert hatten. Gilbert und Quoidbach nannten ihre Studie »Die Illusion vom Ende der Geschichte«. Darin schreiben sie: »Menschen betrachten die Gegenwart immer als jenen Wendepunkt in ihrer Biographie, an dem sie endlich die Persönlichkeit geworden sind, die sie für den Rest ihres Lebens bleiben werden.«

Wie Sie sehen, gibt es viele Gründe, die dagegensprechen, dass wir jene offenen, interessierten und beweglichen Gesprächspartner sind, für die wir uns halten. Andererseits ändern sich Überzeugungen immer wieder, nicht nur bei einzelnen Menschen auch in Gesellschaften. Die Haltung zur Gleichberechtigung von Homosexuellen etwa hat sich in vielen Ländern in erstaunlich kurzer Zeit gewandelt. Auch psychische Krankheiten werden heute nicht mehr totgeschwiegen, sondern als legitime Leiden ernst genommen, die jeden treffen können.

*

Was heißt das alles nun für unser Streitgespräch? Ist die Meinungsbildung angesichts der übermächtigen psychologischen Prozesse und unserer Blindheit gegenüber unserer eigenen Voreingenommenheit ein erratischer und tief irrationaler Prozess, bei dem Fakten kaum eine Rolle spielen? Diese Frage untersuchte der amerikanische Politologe David Redlawsk mit einem Experiment. Er wusste, dass Wähler keine kühlen Rechner sind. Mochten sie einen Kandidaten einmal, hatte dieser die Psychologie des Meinungswechsels auf seiner Seite. Selbst mit negativer Information wäre er nur schwer zu entthronen. Doch Redlawsk war überzeugt, dass es einen Wendepunkt geben musste. Irgendwann würden sich die ungünstigen Fakten in der Wählergunst niederschlagen. Oder nicht? Das versuchte Redlawsk in einer simulierten Präsidentschaftswahl herauszufinden, in der die Versuchspersonen mehr und mehr schreckliche Dinge über ihren bevorzugten Kandidaten erfuhren. Am Anfang blieben die Probanden ihrem Kandidaten treu, doch als etwa ein Drittel der Nachrichten negativ waren, begannen sie ihren Favoriten aufzugeben. Redlawsk hatte seinen Wendepunkt gefunden. Er weiß, dass sich dieses Resultat nicht auf eine richtige Wahl übertragen lässt. »Aber ich glaube, wir haben zumindest die Existenz dieses Effekts bewiesen.«

Irgendwann spielen Fakten also doch eine Rolle – zumindest in diesem Experiment. Das wären gute Neuigkeiten, wenn sich der Medienkonsum mit dem Internet nicht so radikal verändert hätte. Heute kann sich jeder seine persönliche News-Diät zusammenstellen, und die meisten Menschen bevorzugen Quellen, die ihre Meinungen bestätigen. So kann die unangenehme kognitive Dissonanz aus dem vorangegangenen Kapitel gar nicht erst aufkommen. Und die kritische Menge an Gegenargumenten, bei der man die grundsätzliche Abwehrhaltung aufgibt, wird nie erreicht. Das Problem sind nicht Fake News, das Problem ist, dass die Menschen in einem nie da gewesenen Maß selber kontrollieren, welche Information sie konsumieren.

Doch die Wirkung von Fakten ist auch begrenzt, wenn die Kontrahenten alle Informationen kennen, wie zum Beispiel in der Wissenschaft. Das wusste schon der Physiker Max Planck, als er beobachtete: »Eine neue wissenschaftliche Wahrheit triumphiert nicht, indem sie ihre Gegner überzeugt und sie das Licht sehen lässt, sondern weil ihre

Gegner schließlich sterben und eine neue Generation aufwächst, die damit vertraut ist.« Dass Meinungen durch die neutrale Bewertung von Fakten entstehen und dass wir uns durch neue Informationen umstimmen lassen, ist wohl der Sonderfall. Er kann eintreten, aber verlassen sollte man sich nicht darauf, zumal es heute Hinweise gibt, dass politische Haltungen zu einem gewissen Grad auch biologisch vererbt werden können. Sicher ist: Das manische Wiederholen von Wissen und Argumenten führt kaum zum Ziel.

Aber was dann?

Das ist die falsche Frage. Wenn Sie mit dem Ziel in eine Diskussion steigen, die Meinung Ihres Gesprächspartners zu ändern, haben Sie den naiven Realismus aus dem vorangegangenen Kapitel nicht verstanden: Ihr Gesprächspartner glaubt nämlich nicht weniger, den Durchblick zu haben, und will im Gegenzug Sie überzeugen. Beide leiden unter dem, was der Vater des naiven Realismus, Lee Ross, die Illusion der asymmetrischen Einsicht nannte, die falsche Vorstellung, andere besser zu kennen als sie uns. Dagegen hilft nur ein monumentaler Kraftakt: Sie müssen die Möglichkeit in Betracht ziehen, dass nicht die anderen die Dinge falsch sehen, sondern Sie selbst. »Wir werden nicht viel Glück haben, die Meinung anderer Menschen zu ändern, wenn wir uns weigern, unsere eigene zu revidieren«, schreibt der Psychologe Adam Grant in seinem Buch *Think Again*.

Im Kapitel 10 haben Sie erfahren, dass wir einen Meinungswandel als Bedrohung erleben: Wir haben nicht Meinungen, wir sind unsere Meinungen. Viele unserer Ansichten sind Teil unserer Identität. Deshalb empfinden wir es als persönlichen Angriff, wenn jemand anderer Meinung ist.

»Als würde jemand auf der Flagge deines Landes herumtrampeln«, wie es die Expertin für rationales Denken, Julia Galef, ausdrückt. Eine lieb gewordene Überzeugung über Bord zu werfen, kann sich anfühlen, wie einen Teil von sich selbst zu verlieren. Aber das muss nicht sein. Der Techinvestor und Essayist Paul Graham empfiehlt, seine Identität klein zu halten, sie mit möglichst wenigen Meinungen zu belasten. »Menschen können niemals eine fruchtbare Diskussion über etwas führen, das Teil ihrer Identität ist. Sie sind in dieser Sache per Definition parteiisch.« Aber auch wenn ich eben noch das Gegenteil gesagt habe: Sie sind nicht Ihre Meinungen! »Wer Sie sind, sollte eine Frage dessen sein, was Sie für wichtig halten, nicht was Sie glauben«, schreibt Adam Grant, »Werte sind Ihre Grundprinzipien im Leben – das können Tüchtigkeit und Großzügigkeit, Freiheit und Fairness oder Sicherheit und Integrität sein. Wenn Sie Ihre Identität auf diese Art von Grundsätzen gründen, können Sie offen bleiben für die besten Möglichkeiten, sie zu fördern.«

In einem Gespräch sollten Sie als Erstes klären, welche Meinung Ihr Gesprächspartner überhaupt vertritt. Das klingt banal, ist es aber nicht, denn Studie um Studie zeigt: Wir überschätzen, wie stark die Meinung von Andersdenkenden von unserer eigenen abweicht. Das führt dazu, dass wir unsere Gegner für Meinungen verachten, die sie gar nicht vertreten. Ein Grund dafür liegt im sogenannten »nutpicking«, einer Taktik, die in den sozialen Medien weit verbreitet ist: Das extremste Mitglied einer Gruppe wird herausgepickt und als typisch für die Gruppe hingestellt. So entsteht der Eindruck, alle seien wütender und verrückter, als sie es tatsächlich sind.

Abhelfen kann da eine nützliche, wenn auch anstrengende Methode von Lee Ross. Sie besteht darin, einem Gesprächspartner so lange dessen Position zu schildern, bis dieser sie für korrekt wiedergegeben hält. Sosehr Sie danach versucht sein mögen, ein Stakkato Ihrer besten Argumente loszulassen, halten Sie sich zurück. Stellen Sie stattdessen Fragen. Versuchen Sie die Beweggründe Ihres Gesprächspartners zu verstehen, nehmen Sie seine Perspektive ein. Oder stellen Sie eine Frage aus Kapitel 5: Wie stellst du dir das genau vor? Oder jene aus Kapitel 7: Was würde dich vom Gegenteil überzeugen?

Wie die Experimente der schwedischen Psychologen aus dem vorangegangenen Kapitel gezeigt haben: Um bei einer Person einen Sinneswandel herbeizuführen, eignet sich keine Person besser als Sie selbst. Anstatt zu reden, sollten Sie zuhören. Seien Sie geduldig. Eine Meinung ist wie ein Tanker, sie braucht Zeit, um zu wenden – das gilt auch für ihre eigene. Die katholische Kirche hat Galilei Galileo 1633 gezwungen, seine Unterstützung für die Theorie, dass die Erde um die Sonne kreist, zu widerrufen. 359 Jahre später gab Papst Johannes Paul II. 1992 zu, dass Galileo recht gehabt habe, und rehabilitierte den Astronomen. Der Entscheidung ging eine 13 Jahre lange Untersuchung voraus.

Im Grunde geht es in diesem Kapitel weniger darum, die Meinung der anderen zu ändern, als zu akzeptieren, dass wohlmeinende und intelligente Menschen über wichtige Dinge unterschiedlich denken können. Denn nach dem, was Sie hier gelesen haben, müssen Sie einsehen: Ihre individuelle Weltsicht und Ihre Haltung zu den großen Fragen beruhen ebenso auf Besonnenheit und Vernunft wie auf einem nie überprüften Sammelsurium aus kulturellem Konsens, überlieferten Ansichten, Vorurteilen und persönlicher Erfahrung. Natürlich würden Sie sich gerne einreden, dass Ihre Meinungen aufgrund einer eigenständigen und vollständigen Prüfung aller Optionen zustande kamen. Aber so, wie Sie es hinnehmen, dass Sie keinen Blick auf Ihren Rücken werfen können, sollten Sie akzeptieren, dass es Dinge gibt, die nur andere in Ihnen sehen, und davon lernen.

Sie müssen also damit rechnen, dass Sie auf Leute treffen, die die Faustregeln in diesem Buch für ihre eigenen Zwecke nutzen. Ihre Gesprächspartner werden die einfachere Erklärung bereithaben, den unzulässigen Einzelfall bei Ihnen entdecken und nach außergewöhnlichen Beweisen für aus ihrer Sicht außergewöhnliche Behauptungen verlangen. Menschen können andere Meinungen vertreten, ohne schlecht informiert, dumm oder böse zu sein. Es ist nicht einfach, zu akzeptieren, aber es ist einfach so: Für Ihre Meinung ist im Universum kein spezieller Platz reserviert.

Danksagung

Ein Buch ist ein bisschen wie eine Gruppenarbeit, bei der am Ende einer behaupten darf, er habe es allein vollbracht. In meiner Gruppe waren Aline Wanner, Barbara Klingbacher und Flurin Clalüna von der *Folio*-Redaktion, die für die angenehmste Arbeitsatmosphäre sorgten, die man sich vorstellen kann. Barbara Klingbacher hat zudem das ganze Buch gegengelesen, ebenso wie Thomas Häusler und André Schneider, die mich vor einigen Dummheiten bewahrten. Für die Fehler, die jetzt noch drinstehen, bin ich ganz allein verantwortlich. Mein Agent Peter Fritz ließ sich sofort von der Buchidee überzeugen und Sandra Czech vom Kösel-Verlag war eine wertvolle Gesprächspartnerin. Am Ende hat die Lektorin Daniela Gasteiger noch einige Widersprüche und Ungenauigkeiten entdeckt.

Wie immer mussten sich Regula und Tim am Esstisch meine waghalsigen Gedankengänge anhören. Und natürlich gehört mein Dank zum Schluss den ersten Gruppenmitgliedern Hans und Ursula Schneider, ohne die es diese Gruppe nie gegeben hätte.

Quellen

Die Angaben sind nach der Reihenfolge ihrer Nennung im Text geordnet.

Einleitung

Schneider, Reto U. (2021): Warum Sie nie recht haben. *NZZ Folio*, Mai 2021.

Schneider, Reto U. (2021): Anleitung für das rationale Tischgespräch. *Neue Zürcher Zeitung*, 24.12.2021.

Thomas Sowell Quotes (2020): »Emotions neither prove nor disprove facts. There was a time when any rational adult understood this.« *Twitter*, 17.06.2020. Online: twitter.com/thomassowell/status/1273231764123783168.

1. Kapitel

Lorre, Chuck; Prady, Bill (2008): The Big Bang Theory. The Cooper-Hofstadter Polarization (S1E9). *CBS*, 17.03.2008.

Shore, David (2004): House M.D. Occam's Razor (S1E3). *Fox*, 30.11.2004.

Ockham, Guilelmus de; Boehner, Philotheus; Gál, Gedeon; Brown, Stephen F. (1974): Venerabilis inceptoris Guillelmi de Ockham Summa logicae. St. Bonaventure, N. Y.: St. Bonaventure University (Guillelmi de Ockham Opera philosophica et theologica. [Series I], Opera philosophica, 1). Online:

www.logicmuseum.com/w/index.php?title=Authors/
Ockham/Summa_Logicae&oldid=14990

Borowski, Susan (2012): The Origin and Popular Use of Occam's
Razor. *Blog AAAS Scientia*. Online: www.aaas.org/origin-and-
popular-use-occams-razor, Stand: 29.05.2022.

Ball, Philip (2016): Occam's Razor Has Distorted the History
of Science. *The Atlantic*, 11.08.2016. Online: www.theatlantic.
com/science/archive/2016/08/occams-razor/495332,
Stand: 28.05.2022.

Hoffmann, Roald; Minkin, Vladimir I.; Carpenter, Barry K.
(1997): Ockham's Razor and Chemistry. *HYLE – An International Journal for the Philosophy of Chemistry* 3, S. 3–28.

Mencken, Henry Louis (1920): Prejudices: Second Series. New
York: Alfred A. Knopf, S. 158.

Altman, Lawrence (1970): A Law Named for Willie Sutton
Assists Physicians. *The New York Times*, 03.01.1970.

Wikipedia (2022): Hickam's Dictum. Online: en.wikipedia.org/
wiki/Hickam%27s_dictum, Stand: 12.06.2022.

Blastland, Michael (2021): Occam's Razor and the Limits of
Simplicity. *Prospect Magazine*, 15.09.2021. Online:
www.prospectmagazine.co.uk/philosophy/occams-razor-
and-the-limits-of-simplicity-philosophy-science-mcfadden-
book-review, Stand: 28.05.2022.

Uri Geller beim Löffelbiegen (1974). *SRF Archivperlen*, 16.03.2018.
Online: www.srf.ch/play/tv/archivperlen/video/uri-geller-
beim-loeffelbiegen-1974?urn=urn:srf:video:f8eb5af9-8f1a-435
7-9b98-ef57cbe9c415, Stand: 26.02.2023.

Sahli, Rahel; Woodtli, Nadine (2020): Corona, na und? Reise
durch die sorglose Schweiz. *SRF Rundschau*, 21.10.2020.
Online: www.srf.ch/play/tv/rundschau/video/corona-na-
und-reise-durch-die-sorglose-schweiz?urn=urn:srf:video:3e
3fe648-357f-488a-aeb1-411146072d2d.

Wikipedia (2023): Verschwörungstheorien zum 11. September

2001. Online: de.wikipedia.org/wiki/Verschw%C3%B6rungs
theorien_zum_11._September_2001, Stand: 26.02.2023.

2. Kapitel

Zapato, Lyle (1998): Save The Pacific Northwest Tree Octopus.
Online: zapatopi.net/treeoctopus, Stand: 03.09.2022.

Leu, Donald; Reinking, David; Carter, Amy; Castek, Jill; Coiro,
Julie; Henry, Laurie A. et al. (2007): Defining Online Reading
Comprehension: Using Think Aloud Verbal Protocols to Re-
fine a Preliminary Model of Internet Reading Comprehension
Processes. *21st Century Literacy: What Is It, How Do Students Get
It, and How Do We Know if They Have It.*

Sagan, Carl (1980): Cosmos. *PBS*, 1980. Folge 12. Online:
www.youtube.com/watch?v=h5gw_slOxcY.

Wikipedia (2022): Sagan Standard. Online: en.wikipedia.org/
wiki/Sagan_standard, Stand: 25.08.2022.

Flournoy, Théodore; Boursinhac, Hélène (1983): Des Indes à la
planète Mars. Étude sur un cas de somnambulisme avec
glossolalie. 4ème éd. Genève: Slatkine Reprints.

Quote Investigator (2021): Extraordinary Claims Require Extraordinary Evidence. Online: quoteinvestigator.
com/2021/12/05/extraordinary, Stand: 25.08.2022.

Berekes, Anna (2008): Who Is the Liar Now? *Jefferson Monticello
Blog.* Online: www.monticello.org/research-education/blog/
who-is-the-liar-now, Stand: 25.08.2022.

Bundesamt für Statistik (Schweiz) (2009): Verfassungsartikel
»Zukunft mit Komplementärmedizin« (Gegenentwurf zur
Volksinitiative »Ja zur Komplementärmedizin«), nach
Kantonen – 17.5.2009, Tabelle. Online: www.bfs.admin.ch/
bfs/de/home/statistiken/kataloge-datenbanken/tabellen.
assetdetail.270347.html.

3. Kapitel

Inhofe, James M. (2015): »You know what this is? …«. Senate Debate, 26.02.2015. Online: https://www.youtube.com/watch?v=UXtG8GrW6EQ.

Bloom, Paul (2016): Against Empathy. The Case for Rational Compassion. New York: Ecco Books.

Bloom, Paul (2017): Die Gefühlsfalle. *NZZ Folio*, Februar 2017.

Quote Investigator (2010): A Single Death Is a Tragedy; A Million Deaths Is a Statistic. Online: quoteinvestigator.com/2010/05/21/death-statistic, Stand: 26.02.2023.

Daniel Kahnemann in Pinker, Steven (2022): Think with Pinker, Nudges and Noise, 13.01.2022. Online: www.bbc.co.uk/programmes/m00139pn.

Carroll, Sean (2022): Peter Dodds on Quantifying the Shape of Stories (181). *Sean Carroll's Mindscape Podcast*, 24.01.2022. Online: www.preposterousuniverse.com/podcast/2022/01/24/181-peter-dodds-on-quantifying-the-shape-of-stories.

4. Kapitel

Andrewes, Christopher Howard (1948): Cantor Lecture: »The Common Cold«. *Journal of the Royal Society of Arts* 96, S. 200–210.

Andrewes, Christopher Howard (1989): Adventures Among Viruses. III. The Puzzle of the Common Cold. *Clinical Infectious Diseases* 11 (6), S. 1022–1028.

Corrigan, Roberta; Denton, Peggy (1996): Causal Understanding as a Developmental Primitive. *Developmental Review* 16 (2), S. 162–202.

Vigen, Tyler (2015): Spurious Correlations. London, Boston: Hachette Books.

Mäder, Philipp (2008): »Wer Latein hatte, ist an der ETH gut«. *Tagesanzeiger*, 05.09.2008, S. 10.

Caplan, Bryan (2011): The Case Against Latin. *EconLog*. Online: www.econlib.org/archives/2011/01/the_case_agains_5.html, Stand: 26.02.2023.

Dons, Evi; Rojas-Rueda, David; Anaya-Boig, Esther; Avila-Palencia, Ione; Brand, Christian; Cole-Hunter, Tom et al. (2018): Transport Mode Choice and Body Mass Index: Cross-sectional and Longitudinal Evidence from a European-wide study. *Environment International* 119, S. 109–116.

Red Wine Wards off Coronavirus but not Beer, According to New Research (2022). *MailOnline*, 23.01.2022. Online: www.dailymail.co.uk/news/article-10431221/Red-wine-wards-coronavirus-not-beer-according-new-research.html, Stand: 13.11.2022.

Wikipedia (2022): Erziehungsstil. Online: de.wikipedia.org/wiki/Erziehungsstil, Stand: 19.11.2022.

Rich Harris, Judith (1998): The Nurture Assumption. Why Children Turn out the Way They Do. New York: Free Press.

Rohrer, Julia M. (2018): Thinking Clearly About Correlations and Causation: Graphical Causal Models for Observational Data. *Advances in Methods and Practices in Psychological Science* 1 (1), S. 27–42.

Polderman, Tinca J. C.; Benyamin, Beben; Leeuw, Christiaan A. de; Sullivan, Patrick F.; van Bochoven, Arjen; Visscher, Peter M.; Posthuma, Danielle (2015): Meta-analysis of the Heritability of Human Traits Based on Fifty Years of Twin Studies. *Nature Genetics* 47 (7), S. 702–709.

Wikipedia (2023): Erkältung. Online: de.wikipedia.org/wiki/Erkältung, Stand: 01.03.2023.

5. Kapitel

Mehta, Meghna (2020): Gianluca Gimini Turns Bicycles Drawn from Memory into 3D renders for »Velocipedia«. *stir world.* Online: www.stirworld.com/see-features-gianluca-gimini-turns-bicycles-drawn-from-memory-into-3d-renders-for-velocipedia, Stand: 29.11.2022.

Rozenblit, Leonid; Keil, Frank (2002): The Misunderstood Limits of Folk Science: An Illusion of Explanatory Depth. *Cognitive Science* 26 (5), S. 521–562.

Svenson, Ola (1981): Are We All Less Risky and More Skillful than Our Fellow Drivers? *Acta Psychologica* 47, S. 143–148.

Jordan, Kayla; Zajac, Rachel; Bernstein, Daniel; Joshi, Chaitanya; Garry, Maryanne (2022): Trivially Informative Semantic Context Inflates People's Confidence They Can Perform a Highly Complex Skill. *Royal Society Open Science* 9 (3), 211977.

Kardas, Michael; O'Brien, Ed (2018): Easier Seen Than Done: Merely Watching Others Perform Can Foster an Illusion of Skill Acquisition. *Psychological Science* 29 (4), S. 521–536.

Fernbach, Philip M.; Rogers, Todd; Fox, Craig R.; Sloman, Steven A. (2013): Political Extremism Is Supported by an Illusion of Understanding. *Psychological Science* 24 (6), S. 939–946.

Fernbach, Philip M. (2013): The Illusion of Understanding. *TEDx Golden Gate Park.* Online: www.youtube.com/watch?v=2SlbsnaSNNM, Stand: 26.11.2022.

Gebauer, Jochen: Agentic-Communal Over-Claiming Questionnaire 12 (AGCO-OCQ12). Online: www.jochengebauer.info/pdf/agco_ocq12.pdf, Stand: 24.12.2022.

Hartley, Eugene Leonard (1946): Problems in Prejudice. New York: King's Crown Press.

Heinlein, Robert (1980): Expanded Universe. New York: Ace Books.

Brennan, Jason (2017): Against Democracy. Princeton: Princeton University Press.

Gladwell, Malcolm (2005): Blink. The Power of Thinking Without Thinking. New York: Back Bay Books / Little, Brown & Company.

Sahibzada, Khatera (2019): How to Resist the Lure of Overconfidence. *Scientific American Observations Blog*. Online: blogs.scientificamerican.com/observations/how-to-resist-the-lure-of-overconfidence/, Stand: 08.12.2022.

Sloman, Steven; Fernbach, Philip (2017): The Knowledge Illusion. Why We Never Think Alone. New York: Riverhead Books.

Fisher, Matthew; Goddu, Mariel K.; Keil, Frank C. (2015): Searching for Explanations: How the Internet Inflates Estimates of Internal Knowledge. *Journal of Experimental Psychology. General* 144 (3), S. 674–687.

Rosling, Hans; Rosling Rönnlund, Anna; Rosling, Ola (2018): Factfulness. Ten Reasons We're Wrong about the World – And Why Things Are Better Than You Think. New York: Flatiron Books.

Pinker, Steven (2022): Think with Pinker, Headlines and Trendlines, 27.01.2022. Online: www.bbc.co.uk/programmes/moo13rpo

Galtung, Johan; Ruge, Mari Holmboe (1965): The Structure of Foreign News. The Presentation of the Congo, Cuba and Cyprus Crisis in Four Norwegian Newspapers. *Journal of Peace Research* 2, S. 64–91.

Klosterman, Chuck (2016): But What if We're Wrong? Thinking about the Present as if It Were the Past. New York: Penguin Books.

6. Kapitel

Brusseau, Toby; Linn, Michael (2019): Rocketman: Mad Mike's Mission to Prove the Flat-Earth, Lawless Magician Pictures.

Ortiz, Aimee (2020): Mike Hughes, 64, D.I.Y. Daredevil, Is Killed in Rocket Crash. *The New York Times*, 23.02.2020. Online: www.nytimes.com/2020/02/23/us/mad-mike-hughes-dead. html, Stand: 02.03.2023.

Greene, Robert (2021): The Daily Laws. 366 Meditations on Power, Seduction, Mastery, Strategy and Human Nature. London: Profile Books.

Wikipedia (2023): List of Space Travelers by Nationality. Online: en.wikipedia.org/wiki/List_of_space_travelers_ by_nationality, Stand: 02.03.2023.

White, Michael (1997): Isaac Newton. The Last Sorcerer. London: Fourth Estate.

Schneegans, Susan; Lewis, Jake; Straza, Tiffany (2021): UNESCO Science Report: The Race Against Time for Smarter Development; Executive summary. Paris: Unesco.

Fuchs, Thorsten (2021): Robert Malone: Wie ein Impfforscher zur Symbolfigur der Impfkritiker wurde. *RedaktionsNetzwerk Deutschland*, 12.10.2021. Online: www.rnd.de/wissen/robert-malone-wie-ein-impf-forscher-zur-symbol-figur-der-impf-kritiker-wurde-2HC64SXXRNDXNO3U66T474VVQY.html, Stand: 30.12.2022.

Grob, Ronnie (2015): »Die Gegenposition zum Mainstream ist immer richtig«. *Medienwoche*, 28.02.2015. Online: medien woche.ch/2015/02/28/die-gegenposition-zum-mainstream-ist-immer-richtig, Stand: 05.02.2023.

Musk, Elon (2022): »Lister was ridiculed […].« *Twitter*, 11.06.2022. Online: twitter.com/elonmusk/status/1535663416018456579, Stand: 03.07.2022.

Sagan, Carl (1979): Broca's brain. Reflections on the Romance of Science. New York: Random House.

Boulton, Terynn (2014): »Blowing Smoke Up Your Ass« Used to Be Literal. *Gizmodo – Today I Found Out*, 20.05.2014. Online: gizmodo.com/blowing-smoke-up-your-ass-used-to-be-literal-1578620709, Stand: 02.01.2023.

Beheler, Thomas (2022): 10 Strange Medical Practices from History. *Library of Congress Blogs: Headlines and Heroes*. Online: blogs.loc.gov/headlinesandheroes/2022/04/10-strange-medical-practices-from-history, Stand: 02.01.2023.

Wikipedia (2023): Nobel Disease. Online: en.wikipedia.org/wiki/Nobel_diseasenesse, Stand 03.03.2023.

Nesse, Randolph M. (2016): Universities and the Pursuit of Truth. In: John Brockman: *What Have You Changed Your Mind About? Today's Leading Minds Rethink Everything.* New York: Harper Perennial.

Davis, Murray S. (1971): That's Interesting! *Philosophy of the Social Sciences* 1 (4), S. 309–344.

7. Kapitel

Westerkamp, Dirk (2021): Meinen, Glauben, Laienwissen. In: Hoffmeister, Toke; Hundt, Markus; Naths, Saskia (Hrsg.): *Laien, Wissen, Sprache. Theoretische, methodische und domänenspezifische Perspektiven.* [Berlin]: De Gruyter (Sprache und Wissen, Band 50), S. 105–124.

Browning, Bill (2014): Transcript of Ken Ham vs Bill Nye Debate. *Rocky Mountain Creation Fellowship*, 10.02.2014. Online: www.youngearth.org/index.php/archives/rmcf-articles/item/21-transcript-of-ken-ham-vs-bill-nye-debate, Stand: 06.01.2023.

Pinker, Steven (1997): How the Mind Works. New York: W. W. Norton & Company.

Eliot, Lise (2021): Brain Development and Physical Aggression:

How a Small Gender Difference Grows into a Violence Problem. *Current Anthropology* 62 (23), S. 66–78.

UNODC (2022): UNODC Research – Data Portal – Intentional Homicide. Online: dataunodc.un.org/dp-intentional-homicide-victims.

Schmitt, David P.; Alcalay, Lidia; Allik, Jüri; Ault, Lara; Austers, Ivars; Bennett, Kevin L. et al. (2003): Universal Sex Differences in the Desire for Sexual Variety: Tests from 52 Nations, 6 Continents, and 13 Islands. *Journal of Personality and Social Psychology* 85 (1), S. 85–104.

Fake-Profile bei Ashley Madison: Betrogene Betrüger (2015). *Der Spiegel*, 27.08.2015. Online: www.spiegel.de/netzwelt/web/ashley-madison-fast-alle-frauen-profile-sind-fake-a-1050055.html, Stand: 19.03.2023.

Shackelford, Todd K.; Davies, Alastair (2012): Two Human Natures: How Men and Women Evolved Different Psychologies. In: Crawford, Charles; Krebs, Dennis: *Foundations of Evolutionary Psychology*. New York: Psychology Press, S. 261–280.

Umstead, R. Thomas (2003): A ‚Playgirl' for Adult TV. *Multichannel News*. Online: web.archive.org/web/20070210102338/http://www.multichannel.com/article/CA336895.html, Stand: 19.03.2023.

Buss, David M. (2005): The Handbook of Evolutionary Psychology. Hoboken, N. J.: John Wiley & Sons.

Popper, Karl (1962): Conjectures and Refutations. New York: Basic Books.

Russell, Bertrand (1952): Is There a God. Im Auftrag von *Illustrated Magazine* (unpubliziert).

Wikipedia (2022): Fliegendes Spaghettimonster. Online: de.wikipedia.org/wiki/Fliegendes_Spaghettimonster, Stand: 07.01.2023.

Hitchens, Christopher (2007): God is not Great. How Religion Poisons Everything. New York: Twelve Books.

8. Kapitel

»Edinburgh Review«, in Wright, Robert (1994): The Moral Animal. New York: Panteon Books.

Moore, George Edward (1903): Principia Ethica. Cambridge: Cambridge University Press.

Kühni, Olivia (2021): »Sie sind unsere guten Frauen gewesen«. *Republik*. Online: www.republik.ch/2021/02/05/sie-sind-unsere-guten-frauen-gewesen, Stand: 10.11.2022.

Estrada Donatelli, Juliano (2020): Against Nature: Imperial Law and Homosexuality in India. Sound Ideas. *Outstanding Student Work in Asian Studies* (6). Online: soundideas.pugetsound.edu/asianstudiesstudents/6, Stand: 11.01.2023.

Tapper, Jake (2008): »Homosexuality Isn't Natural or Healthy«. *ABC News*, 18.11.2008. Online: abcnews.go.com/Politics/story?id=3251663, Stand: 11.01.2023.

Jorio, Luigi (2021): Homosexualität und queere Beziehungen sind alles andere als »wider die Natur«. *Swissinfo*. Online: www.swissinfo.ch/ger/gesellschaft/homosexualitaet-und-queere-beziehungen-sind-alles-andere-als--wider-die-natur-/47175482, Stand: 11.01.2023.

Davis, Bernard B. (1978): The Moralistic Fallacy. *Nature* 272, S. 390.

Science Busters, Science (2022): Wissenschaft ist das, was auch dann gilt, wenn man nicht dran glaubt. Das große Jubelbuch der Science Busters. München: Hanser, Carl.

Elisabeth Oberzaucher in Schneider, Reto U. (2017): Warum Männer töten. *NZZ Folio*, 02.05.2017.

Buss, David M. (2021): When Men Behave Badly. The Hidden Roots of Sexual Deception, Harassment, and Assault. New York: Little, Brown Spark.

Generalversammlung der Vereinten Nationen (10.12.1948): Allgemeine Erklärung der Menschenrechte.

Huston, John (1951): African Queen.

Falk, William (2021): The »Natural« Fallacy. *The Week*, 30.07.2021.
Online: theweek.com/coronavirus/1003164/tk-bill, Stand:
17.02.2023.

9. Kapitel

Wikipedia (2023): Wrongful Execution. Online: en.wikipedia.
org/wiki/Wrongful_execution, Stand: 15.01.2023.

Smith, Martin (2018): When Does Evidence Suffice for Convic-
tion? *Mind* 127 (508), S. 1193–1218.

Wikipedia (2023): Strafprozess gegen O. J. Simpson. Online:
de.wikipedia.org/wiki/Strafprozess_gegen_O._J._Simpson,
Stand: 04.03.2023.

Wikipedia (2022): Blackstone's Ratio. Online: en.wikipedia.org/
wiki/Blackstone%27s_ratio, Stand: 13.01.2023.

Cato Institute (2022): Blackstone's Ratio: Is It More Important to
Protect Innocence or Punish Guilt? Online: www.cato.org/
policing-in-america/chapter-4/blackstones-ratio, Stand:
19.01.2023.

Shimrit (Shae) @shi_fs (2023): »the fact that people are willing to
let 99 rapists get away with it because 1/100 might be falsely
accused is just… ugh.« *Twitter*. Online: twitter.com/shi_fs/
status/1550535518726733825. Stand: 19.01.2023.

Klein, Gary (2007): Performing a Project Premortem. *Harvard
Business Review*. September 2007.

10. Kapitel

Hastorf, Albert H.; Cantril, Hadley (1954): They Saw a Game; a
Case Study. *The Journal of Abnormal and Social Psychology* 49 (1),
S. 129–134.

dpo (2015): Wissenschaftlich erwiesen: Alles Vollidioten außer

Ihnen. *Der Postillon.* Online: www.der-postillon.com/2015/03/
wissenschaftlich-erwiesen-alles.html, Stand: 20.03.2021.

Ross, Lee; Ward, Andrew (1996): Naive Realism in Everyday Life:
Implications for Social Conflict and Misunderstanding. In:
Reed, Edward; Turiel, Elliot; Brown, Terrance (Hrsg.): *Values
and Knowledge.* N. J.: Lawrence Erlbaum Associates, S. 113–146.

Ross, Lee in McRaney, David (2015): Why You Often Believe People Who See the World Differently Are Wrong (Episode 62).
You Are Not So Smart Podcast, 09.11.2015. Online: youarenotso
smart.com/2015/11/09/yanss-062-why-you-often-believe-
people-who-see-the-world-differently-are-wrong.

Kaplan, Jonas T.; Gimbel, Sarah I.; Harris, Sam (2016): Neural
Correlates of Maintaining One's Political Beliefs in the Face of
Counterevidence. *Scientific Reports* 6, 39589.

Gimbel, Sarah in McRaney, David (2017): The Neuroscience of
Changing Your Mind (Episode 93). *You Are Not So Smart Podcast,* 13.01.2017. Online: youarenotsosmart.com/2017/01/13/
yanss-093-the-neuroscience-of-changing-your-mind.

Lord, Charles G.; Ross, Lee; Lepper, Mark R. (1979): Biased Assi-
milation and Attitude Polarization: The Effects of Prior Theo-
ries on Subsequently Considered Evidence. *Journal of Personality and Social Psychology* 37 (11), S. 2098–2109.

Johansson, Petter; Hall, Lars; Sikström, Sverker; Olsson,
Andreas (2005): Failure to Detect Mismatches between Inten-
tion and Outcome in a Simple Decision Task. *Science* 310
(5745), S. 116–119.

Hall, Lars; Johansson, Petter (2009): Choice Blindness: You
Don't Know What You Want. *New Scientist,* 15.04.2009.

Hall, Lars; Strandberg, Thomas; Pärnamets, Philip; Lind,
Andreas; Tärning, Betty; Johansson, Petter (2013): How the
Polls Can Be Both Spot on and Dead Wrong: Using Choice
Blindness to Shift Political Attitudes and Voter Intentions.
PloS one 8 (4), e60554.

Hall, Lars; Johansson, Petter; Strandberg, Thomas (2012): Lifting the Veil of Morality: Choice Blindness and Attitude Reversals on a Self-transforming Survey. *PloS one* 7 (9), e45457.

Dennett, Daniel Clement (1987): Intentional Stance. MIT Press.

Schneider, Reto U. (2010): Zauberer hilft Forschern. *NZZ Folio*, 01.06.2010.

Grant, Adam (2021): Think Again: The Power of Knowing What You Don't Know. New York: Viking.

Gilbert, Daniel (2006): I'm O.K., You're Biased. *New York Times*, 16.04.2006.

Haidt, Jonathan (2012): The Righteous Mind. Why Good People are Divided by Politics and Religion. New York: Pantheon Books.

Seth, Anil (2021): We Are Beast Machines. *Nautilus*, 13.10.2021. Online: nautil.us/we-are-beast-machines-12408, Stand: 12.06.2022.

Haidt, Jonathan: The Righteous Mind (S. 314). Penguin Books Ltd. Kindle-Version.

Perkins, D. N.; Farady, Michael; Bushey, Barbara (1991): Everyday Reasoning and the Roots of Intelligence. In: Voss, J. F., Perkins, D. N.; Segal, J. W. (Hrsg.): *Informal Reasoning and Education*, Hillsdale, N. J.: Lawrence Erlbaum, S. 83–105.

Kahan, Dan M.; Landrum, Asheley; Carpenter, Katie; Helft, Laura; Hall Jamieson, Kathleen (2017): Science Curiosity and Political Information Processing. *Advances in Political Psychology* 38, S. 179–199.

Hannon, Michael (2022): Are Knowledgeable Voters Better Voters? *Politics, Philosophy & Economics* 21 (1), S. 29–54.

Abdellaoui, Abdel (2023): »The Tendency to Choose a Political Side …« *Twitter*. Online: twitter.com/dr_appie/status/16203 71355211567104, Stand: 31.01.2023.

Maoz, Ifat; Ward, Andrew; Katz, Michael; Ross, Lee (2002): Reactive Devaluation of an »Israeli« vs. »Palestinian« Peace Proposal. *The Journal of Conflict Resolution* 46 (4), S. 515–546.

Schneider, Reto U. (2009): Lügen für den Frieden. *NZZ Folio*, 01.03.2009.

Festinger, Leon (1956): When Prophecy Fails. Minneapolis: University of Minnesota Press.

Attia, Peter (2020): Carol Tavris & Elliot Aronson: Recognizing and Overcoming Cognitive Dissonance. *The Drive Podcast*, 28.09.2020. Online: podclips.com/et/0DW.

Travis, Carol; Aronson, Elliot (2007): Mistakes Were Made (but not by Me). Why We Justify Foolish Beliefs, Bad Decisions and Hurtful Acts. Harcourt.

Epilog

Nelson, Kurt; Houlihan, Tim (2018): Changing the World One View at a Time – with Reddit Superstar Kal Turnbull (Episode 10). *Behavioral Grooves Podcast*, 11.03.2018. Online: behavioralgrooves.com/episode/changing-the-world-one-view-at-a-time-with-reddit-superstar-kal-turnbull.

Tan, C., Niculae, V., Danescu-Niculescu-Mizil, C., & Lee, L. (2016). Winning Arguments: Interaction Dynamics and Persuasion Strategies in Good-faith Online Discussions. *Proceedings of the 25th International Conference on World Wide Web*.

Musk, Elon (2017): »True, although the changemyview subreddit is least likely to be clicked on by people who really should change their view.« *Twitter*, 06.08.2017. Online: twitter.com/elonmusk/status/893993947881652224, Stand: 23.01.2023.

Laurence J. Peter in Ratcliffe, Susan (2017): Oxford Essential Quotations (5 ed.). Peter, Laurence J.: Oxford University Press.

Botton, Alain de (2023): Quotes to Live By. The School of Life Press.

Eno, Brian (2016): Introduction. In: John Brockman (Hrsg.): What Have You Changed Your Mind about? Today's Leading Minds Rethink Everything. New York: Harper Perennial.

Quoidbach, Jordi; Gilbert, Daniel T.; Wilson, Timothy D. (2013): The End of History Illusion. *Science* 339 (6115), S. 96–98.

Redlawsk, David P.; Civettini, Andrew J. W.; Emmerson, Karen M. (2010): The Affective Tipping Point: Do Motivated Reasoners Ever »Get It«? *Political Psychology* 31 (4), S. 563–593.

Planck, Max in Kuhn, Thomas S. (1967): Die Struktur wissenschaftlicher Revolutionen. Frankfurt am Main: Suhrkamp.

Pronin, Emily; Kruger, Justin; Savtisky, Kenneth; Ross, Lee (2001): You Don't Know Me, but I Know You: The Illusion of Asymmetric Insight. *Journal of Personality and Social Psychology* 81 (4), S. 639–656.

Carroll, Sean (2021): Julia Galef on Openness, Bias, and Rationality (Episode 143). *Sean Carroll's Mindscape Podcast.* Online: www.preposterousuniverse.com/podcast/2021/04/19/143-julia-galef-on-openness-bias-and-rationality.

Grant, Adam (2021): Think Again: The Power of Knowing What You Don't Know. New York: Viking.

Graham, Paul (2009): Keep Your Identity Small. Online: www.paulgraham.com/identity.html, Stand: 23.01.2023.

Cowell, Alan (1992): After 350 Years, Vatican Says Galileo Was Right: It Moves. *The New York Times*, 31.10.1992.